Anselm Grün
Christoph Gerhard
Erwin Sickinger

Tür-Öffner

Ihr Ungeübten
die in den Nächten
nichts lernen.
Viele Engel
sind euch gegeben.
Aber ihr seht sie nicht.

NELLY SACHS

Anselm Grün
Christoph Gerhard
Erwin Sickinger

Tür-Öffner

Schlüsselbund für ein achtsames Leben

Vier-Türme-Verlag

Bibliografische Information der Deutschen Nationalbibliothek
Die Deutsche Nationalbibliothek verzeichnet diese Publikation in der Deutschen Nationalbibliografie. Detaillierte bibliografische Daten sind im Internet über http://dnb.d-nb.de abrufbar.

1. Auflage 2017
© Vier-Türme GmbH, Verlag, Münsterschwarzach 2017
Alle Rechte vorbehalten

Lektorat: Claudia Gröhn
Umschlaggestaltung: wunderlichundweigand
Druck und Bindung: CPI Books GmbH, Leck
ISBN 978-3-7365-0072-3

www.vier-tuerme-verlag.de

INHALT

Einleitung 11

Leseanleitung zum Buch 17

Exkurs:
Der Schlüssel im Jubiläumsjahr
der Abtei Münsterschwarzach 21

I. Der Schlüssel in der Bibel 27

Exkurs:
Das Schlüsselerlebnis 35

II. Sieben Fallen 39

   1. Unachtsamkeit 40

   2. Vergessen 44

   3. Zu viel Arbeit 48

   4. Routine 51

   5. Zu hohe Erwartungen 53

   6. Widerstand 57

   7. Keine Zeit 60

INHALT

III. Sieben Helfer 63

    1. Rituale 64

    2. Worte 68

    3. Erinnerungen 72

    4. Menschen, als Rückversicherung 76

    5. Ehepartner 78

    6. Geistliche Begleiter 81

    7. Bücher 86

IV. Sieben Schritte zu einem achtsamen Leben 91

    1. Segensritual am Morgen 93

    2. Rituale zu Beginn der Arbeit 97

    3. Langsam gehen 100

    4. Pausen machen 103

    5. Worte der Bibel wiederkäuen 106

    6. Den inneren Raum spüren 110

    7. Abendritual: alles Gott übergeben 114

INHALT

V. Sieben Termine mit meinem Schutzengel 119

1. Gebet der liebenden Aufmerksamkeit am Abend 122

2. Sonntag: Eucharistiefeier 124

3. Sonntag: Vor der Eucharistiefeier:
   Innehalten, Bilanz ziehen 127

4. Montag: Morgenritual zu Beginn der Woche 130

5. Dienstagabend: frei zum Lesen 132

6. Samstagnachmittag: Spaziergang 136

7. Ein Abend: Gespräch mit dem Ehepartner oder Freund . . 139

**Wie schütze ich eine wertvolle Erfahrung? –
Die ersten Stunden danach** 141

Schluss 145

Literatur 151

Was mich bewegt

*Man muss den Dingen
die eigene, stille ungestörte Entwicklung lassen,
die tief von innen kommt
und durch nichts gedrängt oder beschleunigt werden kann,
alles ist ausgetragen –
und dann geboren ...*

*Reifen wie der Baum,
der seine Säfte nicht drängt
und getrost in den Stürmen des Frühlings steht,
ohne Angst
dass dahinter kein Sommer kommen könnte.*

*Er kommt ...!
Aber er kommt nur zu den Geduldigen,
die da sind,
als ob die Ewigkeit vor ihnen läge,
so sorglos, still und weit.*

Man muss Geduld haben
gegen das Ungelöste im Herzen
und versuchen, die Fragen selbst lieb zu haben,
wie verschlossene Stuben
und wie Bücher, die in einer sehr fremden Sprache geschrieben sind.

Es handelt sich darum, alles zu leben.
Wenn man die Fragen lebt,
lebt man vielleicht allmählich,
ohne es zu merken,
eines fremden Tages
in die Antworten hinein.

RAINER MARIA RILKE

EINLEITUNG

In Führungsseminaren laden wir die Teilnehmer und Teilnehmerinnen ein, zur Eucharistiefeier Gegenstände auf den Altar zu legen, die dann gesegnet werden. Die gesegneten Gegenstände sollen uns im Alltag daran erinnern, dass Gottes Segen immer mit uns geht. Der Segen hat aber noch eine andere Bedeutung: Er drückt aus, was Gott durch die Dinge sagen möchte. Mit dem Ring sagt Gott uns beispielsweise zu, dass er alles Brüchige in uns zusammenhält und alles Kantige abrundet, dass er sich an uns bindet, damit wir uns selbst treu sein können.

Oft legen die Teilnehmer Schlüssel auf den Altartisch, zum Beispiel Autoschlüssel oder verschiedenste andere Schlüssel, die zu ihrer Wohnung, zu ihrem Arbeitsplatz oder zu bestimmten Schränken gehören. Diese Schlüssel öffnen nicht nur die Türen zum Haus, zum Auto oder zu verschlossenen Schränken. Der gesegnete Schlüssel will uns verheißen, den Schlüssel zu unserem eigenen Herzen zu finden und den Zugang zu unseren Gefühlen, zu dem, was unser Herz zutiefst bewegt. Daneben steht der Schlüssel auch für die Sehnsucht, Zugang zum Herzen anderer Menschen zu finden und ihr Herz aufzuschließen für unsere Liebe, aber auch für das, was wir ihnen gerne sagen möchten. Und der Schlüssel schließt in sich die Verheißung ein, dass wir den Schlüssel zur Wahrheit finden, den Schlüssel, der uns das Geheimnis unseres Lebens aufschließt und das Geheimnis Gottes. In diesem gemeinsamen Buch, das aus unseren Führungsseminaren erwachsen ist, verstehen wir den Schlüssel als einen Türöffner zum gelingenden Leben. Am Ende eines Kurses fragen die Teilnehmer oft: Wie können wir das, was wir jetzt erfahren haben, mit in den Alltag nehmen? Wie finden wir den Schlüssel, der uns im Alltag einen Weg zeigt, wie wir aus dem Glauben heraus leben, wie wir achtsam leben, wie wir so leben können, dass wir nicht wieder von der Arbeit aufgefressen werden? Wie können wir im Alltag die Tür zu einem bewussten Leben aufschließen? Welche Hilfen gibt es, dass unser Alltag verwandelt wird?

Der geistliche Weg, auf den wir die Kursteilnehmer eingeladen haben, ist nicht immer ein einfacher Weg und der Schlüssel ist kein schneller Trick, der die Tür zum geistlichen Leben öffnet. Benedikt sagt von diesem Weg in seiner Regel: »Fliehe nicht vom Weg des Heils; er kann am Anfang nicht anders sein als eng. Wer aber im klösterlichen Leben und im Glauben fortschreitet, dem wird das Herz weit, und er läuft in unsagbarem Glück der Liebe den Weg der Gebote Gottes.« (RB Prolog 48f) Der geistliche Weg ist ein Übungsweg und zunächst eng. Jedes Training verlangt vom Sportler Schweiß und Anstrengung. Doch dann weitet sich das Herz. Und es entsteht – wie es im Lateinischen heißt – eine unbeschreibliche Süßigkeit der Liebe. Der geistliche Weg bekommt also den Geschmack der Liebe. Und dieser Geschmack ist süß und angenehm. Doch zu Beginn kann der Geschmack durchaus herb sein und der Weg anstrengend, durch Enttäuschungen und häufige Rückschläge.

Heute werden viele spirituelle Wege angeboten. Daher ist es gut, in der christlichen Tradition nachzusehen, was sie unter geistlichem Leben versteht. Geistliches Leben hat gemäß der christlichen Tradition vier Bedeutungen:

1. Geistliches Leben ist das Leben in der Gegenwart Gottes

In der Gegenwart Gottes zu leben heißt, in Beziehung zu Gott zu leben. Und das bedeutet: Ich bin ganz präsent, ganz im Augenblick. Vor Gott zu leben heißt, sich von Gott angesprochen und gerufen zu wissen und mit seinem Leben auf diesen Ruf zu antworten. Es geht also darum, Verantwortung zu übernehmen. Die Gegenwart Gottes ist dabei immer etwas Geheimnisvolles, das ich letztlich nicht greifen kann. Ich kann in dieser Gegenwart nur staunend und mit Ehrfurcht leben. Denn Gott ist der Unbegreifliche und Unendliche, vor dem ich mich verneige und verstumme.

2. Geistliches Leben heißt, durchlässig zu werden für den Geist Jesu Christi

In der christlichen Tradition erreicht diese Durchlässigkeit nur jemand, der alles, was in ihm ist, immer wieder Christus hinhält und sich vom Geist Jesu durchdringen lässt. Durchlässigkeit verlangt also ehrliche Selbsterkenntnis und Selbstbegegnung. Ich verschließe nichts in mir vor Jesus Christus. Ich öffne alle Kammern meines Leibes und meiner Seele, damit Christi Liebe dahinein strömen und alles verwandeln kann. Der Epheserbrief drückt das so aus: »Alles, was aufgedeckt ist, wird vom Licht erleuchtet. Alles Erleuchtete aber ist Licht.« (Eph 5,13f) Die Selbstbegegnung ist selten angenehm. Sie verlangt absolute Ehrlichkeit sich selbst gegenüber. Doch wenn ich alles in mir ehrlich Christus hinhalte, entsteht eine starke innere Freiheit, in der ich frei bin, alles anzuschauen.

3. Der geistliche Weg ist ein Weg der Verwandlung

Die innere Verwandlung ist ein langer Prozess. Sie geschieht nicht durch das Finden eines Schlüssels, der mir die Tür einfach aufschließt. Verwandlung braucht Zeit. Das lernen wir von der Natur. Die Verwandlung einer Knospe in eine Blüte bedarf Zeit. Und bis ein Baum herangewachsen ist, vergeht noch mehr Zeit. Der Baum muss Zeiten der Hitze und der Kälte, Zeiten des Regens und der Trockenheit, Winter, Frühling, Sommer und Herbst immer wieder durchlaufen, damit er in die Gestalt hineinwächst, die ihn auszeichnet. Ebenso benötigen wir Zeit, immer wieder durch Sonnenschein und Regen hindurchzugehen, bis sich in uns etwas wandelt, bis in uns das einmalige Bild, das Gott sich von uns gemacht hat, sichtbar wird.

4. Der geistliche Weg ist ein Übungsweg

Auf diesem Übungsweg benötigen wir Beharrlichkeit und Geduld. Der Weg geht wie oft genug in unserem Leben zwei Schritt voran und einen Schritt zurück. Wir sind auf Geduld angewiesen, um immer weiter gehen zu können. Und der Übungsweg muss alltagstauglich sein. Er geschieht nicht so sehr in der Abgeschiedenheit des Klosters, sondern mitten im Alltag. Und ob ich auf diesem Weg weitergekommen bin, zeigt die Realitätskontrolle im Alltag. Darin muss sichtbar werden, dass ich nicht mehr so sehr von meinem Ego beherrscht werde, sondern immer mehr zu meinem Selbst gelange, dass ich frei werde von Abhängigkeiten und offen werde für das, was Gott mir heute zutraut.

Man kann nicht bergauf kommen, ohne bergan zu gehen. Und obwohl Steigen beschwerlich ist, so kommt man doch dem Gipfel immer näher, und mit jedem Schritt wird die Aussicht umher freier und schöner! Und oben ist oben.

MATTHIAS CLAUDIUS

Fragen für den Alltag

Bevor Du weiterliest, halte kurz inne und frage Dich:

> Gibt es etwas in Deinem Leben, das sich in der Tiefe nach Verwandlung sehnt?

> Hast Du in Deinem Leben bereits kleine und regelmäßige Zeiten, in denen Du die Gegenwart Gottes einübst? Eine kurze Zeit am Morgen, ein kurzes Innehalten am Tag oder ein Segenswusch am Ende des Tages? Was kannst Du tun, um Dir diese kostbaren Perlen der Selbstverständlichkeit zu vergegenwärtigen?

LESEANLEITUNG ZUM BUCH

Unser vorliegendes Buch versteht sich als Handbuch, das Du immer wieder in die Hand nehmen kannst, um einmal über Dein Leben nachzudenken, um Dich anregen zu lassen, wie Du Deinen Alltag leben willst.

> Das Buch enthält zuerst Gedanken, die uns drei Autoren nach unseren Kursen und nach vielen Gesprächen mit den Kursteilnehmern beim Nachdenken über den Schlüssel in unserem Leben gekommen sind. Die Gedanken wollen Dich anregen, selbst über Dich und Dein Leben nachzudenken und über die Schlüssel, die Dir die Tür zum Leben aufschließen.

> Wir haben am Ende jedes Kapitels Übungen und Anregungen für den Alltag vorgeschlagen. Die Übungen wollen Dich einladen, etwas auszuprobieren. Du wirst nicht alle Übungen durchführen. Achte dabei auf Dein Gefühl. Wenn Dich eine Übung reizt, dann probiere sie einfach aus. Es ist wichtig, sich dabei nicht unter Leistungsdruck zu setzen, etwa dass die Übung sofort zu sichtbaren Ergebnissen führen müssen. Probieren geht über Studieren. Und Üben braucht Zeit. Pass die Übungen ruhig auf Deine Lebenssituation an, so dass sie für Dich stimmen.

> Ein anderer Bereich unseres Buches sind Texte und Gedichte, die uns beim Nachdenken über den Schlüssel begegnet sind.

Die Dichter und Denker haben oft tiefer geschaut und mehr verstanden von dem Geheimnis des Lebens als die Theologen. Denn die Dichter lassen das Geheimnis des Menschen offen. Sie wollen uns nicht festlegen auf bestimmte Gedanken. Wir verzichten darauf, diese Texte zu kommentieren. Wir wollen sie offenlassen für die Deutung, die Dir selbst beim Lesen kommt. Lass Dich ansprechen von den Texten, spüre Dich in sie hinein und such nach ihrer verborgenen Schönheit. Dann werden Dir die Texte guttun. Oft geben sie keine Antworten, sondern stellen uns einfach Fragen. Aber Fragen sind häufig wichtiger als Antworten. Die Frage – so sagt uns die deutsche Sprache – gräbt eine Furche in den Acker unserer Seele. Sie öffnet den Acker für die Samen, den diese Texte in unseren Boden hineinlegen.

Übung für den Alltag

Sammle Texte, Zitate, Gedichte, die Dich spontan ansprechen. So legst Du Dir ein eigenes Schlüsselbrett für den Alltag zu, an dem allerhand Schlüssel hängen, die manche versperrte Tür aufschließen können.

Das Wesen der Wahrheit

Ein Mann wurde von schweren Zweifeln über das Wesen der Wahrheit geplagt. Er beschloss deshalb, zu einem Rabbi in einem weit entfernten Dorf zu reisen, der für seine Weisheit bekannt war.

Als er nach einer langen und beschwerlichen Reise in dem Dorf ankam, erkundigte er sich sogleich, wo er den berühmten Weisen antreffen könne. Doch die Leute im Dorf lachten ihn nur aus:

»Der Rebbe hat sich schon vor 20 Jahren aus der Welt zurückgezogen und jetzt meint so ein dahergelaufener Fremder wie du, er könnte ihn einfach so besuchen!«

Das konnte den Mann jedoch nicht von seiner Suche abbringen. Er wartete einen Moment ab, in dem die engsten Schüler des Rabbiners einmal nicht aufpassten, und stahl sich in die Studierstube des alten Mannes.

Es verging eine Zeit, bis der Rabbiner endlich von seiner Arbeit aufsah: »Ich bitte um Verzeihung, ehrwürdiger Rebbe, aber ich bin von weit her gekommen, weil mich seit Langem eine Frage nicht mehr loslässt. Ich hoffe, dass Ihr mir in Eurer großen Weisheit eine Antwort geben könnt.«

»Nun, wie lautet Deine Frage?«, wollte der Rebbe wissen, und sein Tonfall war dabei durchaus freundlich.

»Was ist das Wesen der Wahrheit?«, erwiderte der Besucher.

Der Rabbiner sah ihm tief in die Augen, stand auf und gab ihm eine Ohrfeige. Der Mann wusste nicht, wie ihm geschah. Vollkommen verwirrt rannte er davon und lief ins nächste Wirtshaus, um dort sein Enttäuschung in Alkohol zu ertränken. Ein junger Bursche aus dem Dorf sah dies und fragte ihn, was denn passiert sei. So bekam er die ganze Geschichte zu hören. Dann sagte er nachdenklich:

»Weißt Du, wenn der Rebbe so etwas tut, hat er einen Grund. Es muss eine Erklärung dafür geben.«

Jetzt mischte sich auch ein Schüler des Rabbiners ein, der am Nebentisch saß und zugehört hatte. »Der Rebbe hat dir eine Ohrfeige gegeben, damit du lernst, dass man niemals eine gute Frage gegen eine Antwort eintauscht.«

NILTON BONDER

Aus: Nilton Bonder, Der Rabbi hat immer recht. Die Kunst, Probleme zu lösen © Carl-Auer Verlag GmbH, 2014; der Abdruck erfolgt mit freundlicher Genehmigung

EXKURS:
DER SCHLÜSSEL IM JUBILÄUMSJAHR DER ABTEI MÜNSTERSCHWARZACH

Das Motto zum 1200. Jubiläum der Abtei Münsterschwarzach »Be open – Sei offen« ist einem besonderen Schlüssel zu verdanken. In den dreißiger Jahren des zwanzigsten Jahrhunderts wurde auf dem Gebiet der Abtei ein alter Schlüssel aus Bronze gefunden. Er war den Bauarbeitern im Bauschutt aus der Barockzeit aufgefallen und hat eine Länge von 12 und eine Breite von 4,5 Zentimetern. Damals konnte niemand etwas mit dem Schlüssel anfangen. So lag er fast sechzig Jahre lang unbeachtet im Archiv der Abtei Münsterschwarzach.

Erst Pater Franziskus, dem Abtei-Archivar, fiel dieser alte Schlüssel auf. Er brachte ihn zum Landesamt für Denkmalpflege nach Nürnberg. Dessen damaliger Leiter Dr. Uwe Koch bestimmte den Schlüssel als karolingisches Objekt. Er stammte also zu aller Überraschung aus der Gründerzeit der Abtei Münsterschwarzach. Seine Gestalt, ähnlich der eines Fisches mit einem Kreuz darin, legte die Vermutung nahe, dass er einst zu einem heiligen Ort gehört haben könnte. Vermutlich war er der Schlüssel zur Sakristei. Es kann aber auch sein, dass er als Pilgerzeichen oder Amulett Verwendung fand. Denn die ovale Form der Mandorla (ital. für »Mandel«) um das Kreuz herum ist mit Kreisaugen besetzt, die schlechte Einflüsse abhalten und den Träger des Schlüssels vor Gefahren schützen sollten.

Der karolingische Schlüssel verbindet die Mönche mit der Gründungszeit der Abtei. In der abteieigenen Goldschmiede wurde für den Schlüssel eine Kopie angefertigt und Abt Michael trug während des Jubiläumsjahres diesen Schlüssel als Brustkreuz. Manchmal fragten Kinder voller Neugier den Abt, wohin denn der Schlüssel gehöre. Wenn der Abt sie fragte, was sie sich denn vorstellen könnten, kam öfter die spontane Antwort: »Ich weiß, wo der Schlüssel passt. Es ist der Schlüssel zum Himmel.«

Die Kinder haben verstanden, dass der Schlüssel nicht einfach nur die Tür zur Sakristei aufschließt, sondern ein Symbol für den Zugang zum Himmel, auch zum Himmel in uns selbst ist. So ist der Schlüssel zum Symbol für uns Mönche geworden. Mönch sein heißt: offen sein. Die Offenheit hat vor 1200 Jahren Graf Megingaud von Würzburg und seine Frau Imma dazu bewegt, ein Kloster für Mönche zu gründen. Diese Offenheit prägte die Gemeinschaft in 1200 Jahren. Zunächst war es die Offenheit für die Belange der Umgebung. Die Mönche halfen mit bei der Christianisierung des fränkischen Umlandes. Die Offenheit hat die Mönche immer wieder dazu getrieben, nach Krisen und Zerstörungen das Kloster wieder neu aufzubauen. Und die Offenheit war die Triebfeder, das Mönchsein immer wieder den Gegebenheiten der jeweiligen Zeit anzupassen und auf die Bedürfnisse der Menschen jeweils neu zu antworten. Letztlich war es die Offenheit für den Heiligen Geist, der die Mönche inspirierte, immer wieder neue Antworten auf die Fragen und Nöte der Menschen zu geben.

Auf diese Weise wurde der Schlüssel für die Mönche von Münsterschwarzach zur Herausforderung, sich den Nöten der heutigen Menschen zu stellen. Die Offenheit bewegte sie letzten Endes dazu, Flüchtlinge im Kloster aufzunehmen. Sie ist der Grund, die Abtei für die Gäste und ihre Fragen zu öffnen. Im Gymnasium und den Jugendkursen öffnen die Mönche sich besonders den Bedürfnissen junger Menschen. Und die Offenheit war es, die den Dialog zwischen den Konfessionen und den Religionen aufschloss. Die Offenheit gehört wesentlich zum Selbstverständnis der Missionsbenediktiner, die ausgezogen sind in die weite Welt, um die Botschaft Jesu zu verkünden, und die heute offen auf Fragen nach neuen Einsätzen reagieren.

Offenheit als spirituelle Haltung

Offenheit ist für Missionsbenediktiner vor allem eine spirituelle Haltung, die sich nicht ausschließlich in der Offenheit für die Nöte der Menschen zeigt. Es gilt, offen zu sein für Gott, offen zu sein für seine leisen Impulse im Herzen, offen zu sein für den inneren Raum der Stille, in dem Gott selbst in uns wohnt. Der heilige Benedikt beschreibt diese Offenheit des Mönches als »weites Herz«. Im mittelalterlichen Mönchtum hat man das Wort des heiligen Augustinus, das er einem in Not geratenen Freund schrieb, als Motto auf die Pforten eines Klosters geschrieben: »Porta patet, magis cor«, was bedeutet: »Die Tür steht offen, noch mehr aber das Herz«. Das gilt nicht nur für die Gäste, sondern das gilt für die Nöte der Menschen. Das Beten der Mönche ist kein narzisstisches Kreisen um sich selbst, sondern ein Offensein für die Nöte der Menschen. Die Mönche von Münsterschwarzach beten immer schon *für* die Menschen und *mit* ihnen. Sie öffnen im Beten ihr Herz für die Menschen, die in ihrem Beten verstummt sind, denen sich der Himmel verdunkelt hat und nun verschlossen zu sein scheint. Sie beten darum, dass sich auch für diese Menschen der Himmel wieder öffnet.

Der Schlüssel ist für die Abtei aber nicht nur ein Bild für die Offenheit. Die Mönche leben ja in einem Kloster, in Klausur, in einem geschützten Raum, zu dem die Menschen normalerweise keinen Zutritt haben. Der Schlüssel schließt die Tür auch zu, damit sie im geschützten Raum ihre Herzen für Gott und die Belange der Menschen öffnen können. Wenn es keinen Schlüssel gäbe, würden sie immer im Durchzug stehen. Doch wer im Durchzug steht, der kann die Menschen auch nicht einladen in einen Raum, der ihnen Heimat und Geborgenheit schenkt. Für solche Menschen gilt das Sprichwort: »Wer nach allen Seiten hin offen ist, der ist nicht ganz dicht.« Mönche brauchen beides: den Schlüssel, der öffnet und den Schlüssel, der schließt. Der Schlüssel, der schließt, schenkt ihnen den Raum, in dem sie allein sind mit Gott, in dem sie ihrer eigenen Wahrheit begegnen und im Alleinsein auch das All-Eins-Sein mit allen Menschen erfahren. Der Schlüssel, der öffnet, verbindet das Eigene mit dem Fremden, das in der Einsamkeit Erfahrene mit den Erfahrungen der Menschen in der Welt. Er ermöglicht, in die Weite der Welt hinauszutreten, ohne die Beziehung zum eigenen Herzen zu verlieren.

Ein Kloster steht ständig in der Spannung, etwas Kostbares bewahren zu wollen und sich zugleich immer wandeln zu können. Die Mönche wollen das Kostbare gleichsam einschließen in das Schatzkästchen ihres Herzens. Doch wenn sie etwas festhalten wollen, bleiben sie oft stehen. Wenn sie etwas Kostbares bewahren wollen, müssen sie bereit sein, neue Erfahrungen zu machen. Das Bewahren braucht den Wandel. Jeder von uns kennt die Ambivalenz, etwas bewahren zu wollen, was ihm kostbar geworden ist, und zugleich sich wandeln zu müssen. Es ist notwendig, sich zu wandeln. Denn sonst erstarrt das Kostbare in uns und verliert seine Kostbarkeit.

Die Verwandlung geschieht jedoch nicht nach Plan, sondern geht in Schüben vor sich. So wie bei einem Kind das Wachsen in Schüben geschieht, ist es auch im Kloster. Das kindliche Wachstum ist häufig mit Schmerzen verbunden. Ebenso kann der klösterliche

Wandlungsprozess oft schmerzlich sein. Wachsen geht immer über Krisen. Und zum Wachsen gehört die Ambivalenz zwischen einer kostbaren Erfahrung und der Infragestellung dieser Erfahrung. Schon die alten Mönche wussten: In der Erfahrung von Gottes Nähe und in der Dankbarkeit für diese Erfahrung wird kurze Zeit später das Gegenteil über sie hereinbrechen. Man spürt nichts mehr von Gottes Nähe. Gott scheint plötzlich fern zu sein. Das Vertrauen schlägt in Angst um. Die Mönche sprechen vom Versucher, der immer auf den Plan tritt, wenn wir gute spirituelle Erfahrungen machen.

Die Mönche versuchen daher, den Gästen zu vermitteln, dass sie sich nicht wundern sollen, wenn nach einer euphorischen Phase sofort eine depressive Phase kommt, in der sie meinen, das alles würde nichts helfen. Sie kämen ja doch nicht weiter. Es hat keinen Sinn, an sich zu arbeiten. Wenn sie diese negative Erfahrung machen, ist es für die Mönche aber immer ein Zeichen, dass die gute Erfahrung stimmig war. Sie haben Gottes Nähe wirklich erfahren, auch wenn wir gerade nur seine Ferne wahrnehmen. Und erst nach einigen solchen ambivalenten Erfahrungen können sie feststellen, dass sich wirklich etwas innerhalb der Gemeinschaft gewandelt hat. Und dann wird die Erfahrung von Wandlung Freude hervorrufen, so wie bei einem Kind, das einen Schritt weitergekommen ist und sich über seine Entwicklung freut.

I.
SCHLÜSSEL IN DER BIBEL

Die Bibel kennt das Bild vom Schlüssel und greift auf eine Symbolik zurück, die sie in anderen Religionen vorfindet. In der Antike war man überzeugt, dass die Tür zum Himmel, aber auch zum Hades verschlossen ist. Der Erzengel Michael ist der Himmelsfürst, der die Schlüsselgewalt hat, den Himmel aufzuschließen. Gott selbst hat drei Schlüssel in seiner Hand: Den Regenschlüssel, der den Himmel öffnet, um mit Regen die Erde zu befruchten. Den Schlüssel der Gebärenden, der den verschlossenen Mutterleib öffnet und den Schlüssel der Totenbelebung, der die Toten wieder lebendig macht. Das sind schöne Bilder für unsere Spiritualität. Wir suchen darin einen Schlüssel, der den Regen auf den Acker unserer Seele fallen lässt, damit wir Frucht bringen. Wir sehnen uns nach dem Schlüssel, der das Verschlossene in uns öffnet, damit neues Leben in uns entstehen kann. Und wir möchten gerne den Schlüssel finden, der das Tote und Erstarrte in uns wieder zum Leben weckt.

Jesus verheißt dem Petrus: »Dir will ich die Schlüssel des Himmelreiches geben; was du auf Erden binden wirst, das wird auch im Himmel gebunden sein, und was du auf Erden lösen wirst, das wird auch im Himmel gelöst sein.« (Mt 16,19) Den Schlüssel zu besitzen bedeutet: Vollmacht zu haben. Jesus will mit diesem Wort die Schlüsselgewalt an Petrus übergeben, die er von den Schriftgelehrten missbraucht sah, weil sie das Tor zur Königsherrschaft Gottes verschlossen hatten. Es ist die Schlüsselgewalt der Lehre und des

Leitens. Petrus und mit ihm der Kirche wird mit der Schlüsselgewalt die Verantwortung übergeben, gut mit dieser Macht umzugehen. Sie sollen die Lehre Jesu so weitergeben, dass sie die Türen zum Königreich Gottes aufschließt. Mit dem Königreich Gottes ist der Raum gemeint, in dem Gott herrscht. Damit geht es Jesus zuerst um den Raum der Gemeinschaft. Die Kirche soll eine Gemeinschaft sein, in der Gott herrscht und nicht die Mächtigen dieser Welt. Wenn jedoch die Macht der Hierarchie wichtiger wurde als die Herrschaft Gottes, versagte die Kirche in ihrer Geschichte immer wieder und verfälschte diesen Auftrag.

Das »Reich Gottes« meint aber auch den inneren Raum im Menschen. Die Lehrer der Kirche sollen den Menschen dazu anleiten, den inneren Raum der Stille in sich zu entdecken. In diesem Raum herrscht Gott. Es geht darum, dass sie nicht von ihren eigenen Bedürfnissen oder Erwartungen, die von außen auf sie einströmen, beherrscht werden. Dort, wo Gott im Menschen herrscht, ist Freiheit und Frieden. Und das Königreich Gottes bezeichnet den Raum und die Atmosphäre, in der wir leben. Es ist eine Atmosphäre, in der Gott herrscht und nicht der Chef in der Firma. Eine Atmosphäre, in der wir frei sind und nicht von der Arbeit erdrückt werden, in der wir selbst leben und uns nicht verbiegen, zum Beispiel indem wir es jedem recht machen wollen. Petrus und damit alle Lehrer der Kirche haben die Verantwortung, die Botschaft Jesu so zu verkünden, dass die Menschen die Tür zu diesem Raum der inneren Freiheit und des Friedens mitten in ihrem Alltag finden. Immer dort, wo die Lehrer – wie es Jesus den Pharisäern vorwirft – mit Angst und schlechtem Gewissen arbeiten, verfälschen sie die Botschaft Jesu. Das Königreich Gottes ist ein Raum, in dem wir frei atmen können und aufrecht unseren Weg gehen dürfen.

Im Lukasevangelium spricht Jesus vom Schlüssel zur Erkenntnis. Das ist ein typisch griechischer Ausdruck. Den Schriftgelehrten ist dieser Schlüssel zur Erkenntnis anvertraut. Sie haben den Auftrag, den Sinn der Schrift zu erschließen. Ihr Umgang mit der Bibel dagegen hat den Zugang zur Erkenntnis sogar verschlossen. Jesus sagte zu ihnen: »Weh euch Gesetzeslehrern! Ihr habt den Schlüssel zur Erkenntnis weggenommen. Ihr selbst seid nicht hineingegangen, und die, die hineingehen wollten, habt ihr daran gehindert.« (Lk 11,52) Es ist ein schönes Bild: Den Schlüssel zu finden, um den tieferen Sinn der Bibelworte zu erschließen und die Worte der Bibel so zu verstehen, dass sie uns in die Freiheit und Lebendigkeit hineinführen.

Erkenntnis meint aber noch etwas anderes: Es geht um Erleuchtung, um das Erkennen des tieferen Grundes allen Seins. Für die Griechen hat Erkenntnis – »gnosis« – einen besonderen Klang. Gnosis beschreibt die Ursehnsucht der Griechen. Es geht um das Erkennen der tieferen Zusammenhänge, das Aufdecken der Wahrheit, das Wegnehmen der Decke, die über allem liegt, damit wir auf den Grund der Dinge sehen und das Geheimnis allen Seins erkennen. Diesen Schlüssel zur wahren Erkenntnis und tieferem Wissen hat Jesus nun selbst in der Hand. Er möchte uns einen Weg zeigen, wie unser Leben gelingt, aber er möchte uns auch das Geheimnis unseres Lebens erklären, damit wir erkennen, wer wir als Menschen sind.

In der Offenbarung des Johannes benennt Jesus den, »der den Schlüssel Davids hat, der öffnet, so dass niemand mehr schließen kann, der schließt, so dass niemand mehr öffnen kann« (Offb 3,7). Johannes bezieht sich hier auf einen Text beim Propheten Jesaja. Der Prophet verkündet, dass Gott den Schebna als Palastvorsteher absetzt, weil er dem Willen Gottes nicht entspricht. An seiner statt setzt er Eljakim ein. Als Zeichen seiner neuen Würde legt Gott den Schlüssel des Hauses David auf seine Schulter. Er soll für die Einwohner Jerusalems ein Vater sein (Jes 22,22). In einer O-Antiphon vor Weihnachten besingen wir Christus als den Schlüssel Davids. »O Schlüssel Davids, Zepter des Hauses Israel – du öffnest, und niemand kann schließen, du schließt, und keine Macht vermag zu öffnen: O komm und öffne den Kerker der Finsternis und die Fessel des Todes.« In Christus ist die Verheißung des Schlüssels erfüllt. Christus ist für uns ein wahrer Vater, der uns den Rücken stärkt und für uns sorgt. Er ist der Schlüssel, der uns den Zugang zum eigenen Herzen öffnet und den Zugang zu Gott. Wenn Christus mit seinem Schlüssel öffnet, dann kann niemand mehr zuschließen, dann kann der Zweifel uns den Weg zu Gott nicht mehr verschließen, dann können andere Menschen uns nicht mehr daran hindern, den Zugang zu Gott zu finden. Christus verschließt aber auch den inneren Raum der Stille. Und keine Macht der Welt hat nun Zutritt zu diesem inneren Raum, in dem wir ganz wir selbst sind, frei und ausgefüllt von Liebe und Frieden. Die Adventsantiphon drückt unsere Sehnsucht aus, dass Christus kommen möge, um den Kerker der Finsternis zu öffnen und die Fessel des Todes zu zerreißen. Manch einer hat das Gefühl, dass er im Kerker der Finsternis sitzt, dass alles um ihn herum dunkel ist. Er hat keine Hoffnung auf ein gutes Leben. Und er fühlt sich wie gefesselt. Alles um ihn herum ist erstarrt und tot. In diesen Situationen sehnen wir uns nach Christus, der den Schlüssel Davids hat, der unseren Kerker der Finsternis verwandelt in einen Raum des Lichts und der Liebe, und der uns befreit von aller Routine, die sich oft wie tot anfühlt.

Wir sehnen uns nach dem Schlüssel Davids. In unseren Träumen kennen wir andere Schlüssel-Erfahrungen. Zum Beispiel vergessen wir im Traum den Schlüssel. Wir stehen vor einer verschlossenen Tür. Das ist immer ein Bild für den Verlust des Zugangs zum eigenen

Herzen. Wir laufen so sehr im Äußeren herum, dass die Verbindung mit dem Inneren, mit unserer Seele, abgerissen ist. Oder wir haben den Schlüssel verlegt. Das geschieht nicht nur im Traum, sondern oft in der Realität. Und dann fragen wir uns: Wo ist denn nun wieder der Schlüssel? Wer hat ihn weggenommen? Oder habe ich ihn selbst verlegt? Wir grübeln nach, bis uns endlich einfällt, wo wir ihn hingelegt haben. Manchmal finden wir ihn einfach nicht mehr. Und irgendwann entdecken wir ihn auf einmal zufällig. Dann taucht er an einer Stelle auf, die wir gar nicht vermutet haben. Träume vom verlegten Schlüssel wollen uns mahnen, sorgfältiger mit uns selbst umzugehen, den Zugang zum eigenen Herzen nicht mit zu viel Oberflächlichkeit oder Arbeit zu verstellen.

Ein anderes Motiv, das wir sowohl im Traum wie in der Realität kennen ist folgendes: Wir stehen vor einer Tür und wollen aufschließen. Aber der Schlüssel passt nicht. Oft genügen unser Wissen und unsere Erkenntnis nicht, um die Tür zum eigenen Herzen aufzuschließen. Wir brauchen Christus als den Schlüssel, der wirklich aufschließt. Aber dieser Schlüssel Davids kann ebenso die Tür im positiven Sinn zuschließen. Dann sind wir sicher in dem Raum, in dem wir uns aufhalten. Kein Dieb und kein Räuber können in diesen Raum eindringen. Denn Christus schützt uns. Er hat die Tür verschlossen, so dass von außen keiner eintreten kann.

Wenn wir im vorliegenden Buch von dem Schlüssel schreiben, der uns im Alltag helfen kann, den Zugang zu unserem Herzen und zu Gott zu gewinnen, dann wollen wir das in einem Vierschritt tun. Zunächst schreiben wir von sieben Fallen, die uns den Schlüssel vergessen lassen. Dann denken wir über sieben Helfer nach, die uns die Suche nach dem Schlüssel erleichtern. Und wir wollen sieben Übungen beschreiben, die uns den Schlüssel finden lassen, und lesen von sieben Verabredungen mit dem Schutzengel, der uns daran erinnert, wo der Schlüssel liegt. Viermal bedenken wir in sieben Schritten das Geheimnis des Schlüssels. Die Zahlen sind nicht zufällig. Sieben ist die Zahl der Verwandlung. Und die Zahl Vier steht für die vier Elemente und für unseren Alltag.

Wie kann sich unser Alltag wandeln? Es geht nicht um Veränderungsstrategien, sondern um Verwandlung. Die Veränderung will aus uns andere Menschen machen. In der Verwandlung werden wir immer mehr wir selbst. Verwandlung ist sanfter. Sie erlaubt uns, alles was ist, anzuschauen. Es darf so sein. Aber wir sind noch nicht der oder die, die wir von unserem Wesen her sein könnten. Die sieben Schlüssel, die wir in verschiedenen Schritten beschreiben, zeigen uns einen Weg, wie wir uns immer mehr in das Bild verwandeln können, das Gott jedem von uns zugedacht hat. Und sie zeigen uns einen Weg, wie sich unser konkreter Alltag mit seiner Arbeit, mit seinen täglichen Verpflichtungen in der Familie und in der Firma und in der Gemeinde, in der wir stehen, wandeln kann.

Damit das Gesagte nicht nur theoretisch bleibt, sondern konkret eingeübt werden kann, helfen am Ende jedes Gedankens konkrete Rituale oder Übungen. Wir möchten zu ganz einfachen Übungen anregen, die wir im Alltag vollziehen können. Dabei ist es wichtig, sich nicht unter den Druck zu setzen, möglichst viele Übungen zu praktizieren. Spüre selbst, welche Rituale in Dir etwas auslösen, welche Dich anregen und in Dir die Lust wecken, sie auszuprobieren.

Übungen für den Alltag

Um das, was uns die Bibel vom Schlüssel sagt, der uns die Tür zur Erkenntnis und zum Königreich Gottes aufschließt, konkreter werden zu lassen, kannst Du folgende Übungen versuchen:

> Immer wenn Du eine Tür aufschließt, sprich in Deinem Herzen: »Herr, schließe mich auf für deine Gegenwart.« Dann wirst Du achtsamer sein beim Türaufschließen. Es wird zum Symbol für das innere Sichöffnen. Du öffnest Dich ganz der Gegenwart, in der Gott gegenwärtig ist. Du öffnest Dich dann dem Königreich Gottes. In diesem Augenblick bist Du ganz frei. Gott herrscht in Dir und nicht Deine Sorgen, Ängste, Bedürfnisse oder Leidenschaften.

> Betrachte einmal Deinen Schlüsselbund. Welche Türen öffnen und versperren die verschiedenen Schlüssel? Wo ist etwas versperrt, was Du gerne öffnen möchtest? Mit welchen Menschen verbindest Du diese Schlüssel? Wo ist in der Beziehung zu diesen Menschen etwas versperrt, und wo steht die Tür zu ihnen offen?

> Wenn Du an einen Menschen denkst, mit dem Du es schwer hast, oder wenn Du mit einem Menschen gerade zusammen bist, zu dem Du keinen Zugang findest, dann sprich leise in Deinem Inneren: »Effata – Öffne dich.« Wenn Du Dich für den Menschen öffnest, dann werden Deine Vorurteile sich auflösen. Und vielleicht kannst Du diesen Menschen dann mit neuen Augen anschauen und das Gute in ihm erkennen.

> Wenn Du heimkommst und Deine Wohnung betrittst, dann sprich im Inneren das 1200 Jahre alte Segensgebet: »Herr kehre ein in dieses Haus und lass deine heiligen Engel darin wohnen.«

EXKURS:
DAS SCHLÜSSELERLEBNIS

Wir sprechen nicht nur von Gipfelerlebnissen, sondern auch von Schlüsselerlebnissen. Es sind Erfahrungen, die wie ein Schlüssel sind, der uns etwas aufschließt. In der Computersprache sprechen wir ständig vom »key«, vom »key-word«, vom »key-account«. Das bedeutet, nur wir haben den Schlüssel, um den Zutritt zu einem bestimmten Programm zu bekommen. Schlüsselerlebnisse passen allein für uns. Sie berühren uns in der Tiefe. Sie prägen uns und eröffnen uns einen Weg, den wir gehen sollen. Von so einem Schlüsselerlebnis spricht ein Gedicht aus der Mitte des 12. Jahrhunderts:

Du bist min

Dû bist mîn, ich bin diîn:
des solt dû gewis sîn.
Dû bist beslozzen
in mînem herzen:
verloren ist das slüsselîn:
dû muost immêr drinne sîn.

Du bist mein

Du bist mein, ich bin dein:
dessen sollst du gewiss sein.
Du bist verschlossen in meinem Herzen:
verloren ist das Schlüsselein:
Du musst für immer drinnen sein.

Diese innigen, schlichten Verse aus der Mitte des zwölften Jahrhunderts gelten als das älteste deutsche Liebesgedicht. Es ist nicht bekannt, wer es geschrieben hat, und das macht es umso rührender für jeden, der den Zauber der Liebe in sich verspürt. Es erzählt von der innigen Liebe zweier Verliebter. Dass einer den anderen tief verschlossen im Herzen trägt wie in einem Schrein und dass gerade das »verlorene Schlüsselein« ein entzückendes Bild der tiefen Liebe ist. Sie soll für immer bleiben.

Die Liebe wird hier zum *Schlüsselerlebnis*. *Sie schließt* einen Bereich der Seele auf, der ohne sie niemals erschlossen worden wäre. Dieser innere Bereich ist geschützt. Niemand hat Zutritt zu diesem inneren Raum der Liebe. Er ist allein den beiden Verliebten vorbehalten. Keiner kann den Schlüssel nachbilden, denn er ist verloren. Die beiden Liebenden leben in der Gewissheit, nur selbst zu diesem Raum der Liebe Zutritt zu haben. Niemand sonst ist darin außer sie und außer der Liebe, in der Gottes Liebe selbst in ihnen wohnt.

Solche Schlüsselerlebnisse kennt jeder. Es sind Erfahrungen, die einen Bereich in unserer Seele öffnen. Aber zugleich verweist uns das Schlüsselerlebnis auf etwas Kostbares in unserer Seele, das geschützt werden muss. Es verwahrt etwas in unserer Seele, was in unserem ganzen Leben seine Kraft und Botschaft entfalten kann. Und das Schlüsselerlebnis schenkt uns Zutritt zu dem inneren Raum, der geschützt ist vor dem Zugriff anderer Menschen. Kein Unbefugter darf diesen Raum betreten. Es ist ein heiliger Raum, der allein uns und Gott gehört, der darin wohnt.

Manchmal hatten wir so ein Schlüsselerlebnis in unserer Kindheit. Es hat uns einen Raum neuer Lebendigkeit erschlossen. Und manchmal wird uns mitten im Alltag so ein Schlüsselerlebnis geschenkt. Wir erkennen es an der innerlichen Erschütterung, die es auslöst, an der

Faszination und Inspiration, die davon ausgeht. Und im Schlüsselerlebnis kommen wir in Berührung mit unserer tiefsten Sehnsucht. Wir spüren, dass es nicht genügt, einfach nur zu funktionieren. Wir leben nur dann authentisch, wenn wir unserer tiefsten Sehnsucht folgen. Das Schlüsselerlebnis ist für uns ein Anruf, dem wir antworten müssen. Wir erkennen in ihm eine Botschaft für unser Leben. Wenn wir dieser Botschaft antworten, dann wird das Schlüsselerlebnis für uns zur Kraftquelle und Orientierung für unser ganzes Leben. Wir werden uns immer wieder daran erinnern.

II.
SIEBEN FALLEN

Das Auge sagte eines Tages:
»Ich sehe hinter diesen Tälern im blauen Dunst einen Berg.
Ist er nicht wunderschön?«
Das Ohr lauschte und sagte nach einer Weile:
»Wo ist ein Berg? Ich höre keinen.«

KHALIL GIBRAN

Bei Kursen in Münsterschwarzach haben viele den Eindruck, einen Schlüssel für sich entdeckt zu haben, der ihnen helfen kann, auch im Alltag in Beziehung zu ihrem Herzen zu leben. Sie haben wieder das Gefühl, selbst zu leben, anstatt gelebt zu werden. Doch dann fallen sie in die alten Muster zurück. Der Alltag herrscht wieder über sie und sie geraten wieder in das Hamsterrad, aus dem sie während des Kurses gerade ausgestiegen waren. Uns sind sieben Fallen eingefallen, die uns daran hindern, den Schlüssel im Alltag zu benutzen.

1. Unachtsamkeit

Achtsamkeit ist heute ein Modewort geworden. Es werden viele Achtsamkeitsseminare angeboten. Doch was heißt Achtsamkeit? Achtsamkeit bedeutet, dass ich ganz bei dem bin, was ich gerade tue, denke oder spreche. Ich bin im Augenblick. Ich nehme diesen Augenblick wahr. Ich bin präsent und gegenwärtig. Gegenwart hat immer auch mit Begegnung zu tun. Ich begegne in der Gegenwart dem, der immer gegenwärtig ist: Gott, der reinen Gegenwart. Achtsamkeit heißt: Ich achte auf meinen Leib. Ich achte auf meinen Atem. Ich bin ganz bei mir und in mir. Ich achte auf das Leben in mir. Ich bin lebendig. Ich bin in meiner Mitte. Und ich bin in Beziehung zu mir, zu den Menschen um mich herum und zur Natur, die mich umgibt. Ich achte auf den Menschen, mit dem ich spreche. Achtsamkeit bedeutet dazu Wertschätzung. Ich achte diesen Menschen, mit dem ich jetzt spreche. Und ich bin ganz im Gespräch, im Hören und im Antworten.

In der »Achtsamkeit« schwingt auch das deutsche Wort »wahrnehmen« mit. Es hat aber nicht im Wort »Wahrheit« seinen Ursprung – »Wahrheit« kommt von »verus – vera«, gleichbedeutend mit »vertrauenswürdig« – sondern es meint, in die »Wahr-nehmen«, in Obhut nehmen, etwas Aufmerksamkeit schenken. Achtsamkeit meint also, dass ich meine Aufmerksamkeit ganz auf diesen Augenblick, auf diesen Menschen, auf dieses Tun, auf dieses mein Sein richte. Und wahrnehmen bedeutet: in Obhut nehmen, etwas schützen, ehrfurchtsvoll umgehen mit den Dingen und mit den Menschen. Ich gehe achtsam und behutsam mit meiner Zeit um, mit den Dingen, die ich in die Hand nehme, mit den Menschen, mit denen ich spreche, mit meiner Arbeit, die ich gerade verrichte.

Wenn es nur einmal so ganz stille wäre.
Wenn das Zufällige und Ungefähre
verstummte und das nachbarliche Lachen,
wenn das Geräusch, das meine Sinne machen,
mich nicht so sehr verhinderte am Wachen –

Dann könnte ich in einem tausendfachen
Gedanken bis an deinen Rand dich denken
und dich besitzen (nur ein Lächeln lang),
um dich an alles Leben zu verschenken
wie einen Dank.

RAINER MARIA RILKE

Zur »Achtsamkeit« gehört außerdem das »Aufwachen« oder »Wachsein«. Viele Menschen leben – so sagen die griechischen Philosophen – gleichsam in einem Schlafzustand. Sie haben sich eingelullt mit irgendwelchen Illusionen. Sie leben wie Schlafwandler. Ein achtsamer Mensch ist aufgewacht. Der indische Jesuit Anthony de Mello beschreibt die Mystik als Aufwachen zur Wirklichkeit. Ich sehe die Wirklichkeit mit wachen Augen. Wache Augen heißt für de Mello, in allem Gott zu erkennen. Ich sehe in der Natur den Schöpfer. Ich erkenne im Menschen den Bruder oder die Schwester Jesu Christi. Ich sehe die Menschen so, wie sie wirklich sind: Menschen, die von göttlichem Leben erfüllt sind, Menschen, in denen Jesu Antlitz aufleuchtet.

Der unachtsame Mensch ist geprägt durch die Negation dieser drei Eigenschaften, die wir mit der Achtsamkeit verbinden. Er lebt nicht im Augenblick, sondern in den Tag hinein. Er ist irgendwo und doch nirgends. Er ist nicht dort, wo er gerade steht. Er geht nicht behutsam mit den Dingen um. Er nimmt weder die Dinge noch die Menschen wirklich wahr. Er hat keine Ehrfurcht vor dem, was ist. Und der unachtsame Mensch schläft noch. Er ist nicht wach in dem, was er tut. Wenn er zerstreut ist, dann gelingt vieles nicht. Zahlreiche Fehler, die wir im Alltag machen, gehen auf das Konto der Unachtsamkeit. Wir ärgern uns, dass wir nicht aufgepasst haben. Wir waren unachtsam bei der Arbeit. Dann schleicht sich ein Fehler ein. Wir gehen unachtsam mit den Dingen um. Dann fällt uns etwas aus der Hand und zerbricht in Scherben. Wir sind unachtsam im Gespräch, und dann schleppt sich das Gespräch hin. Es kommt nichts dabei heraus. Oder aber wir sind unachtsam und verletzen den anderen, ohne es zu wollen. Dann brauchen wir wieder lange, um die Verletzung aufzuarbeiten und uns zu entschuldigen. Die Unachtsamkeit führt zu vielen Missgeschicken. Sie macht uns das Leben im Alltag schwer.

Übungen für den Alltag

> Versuche, ganz im Augenblick zu sein. Achte auf Deinen Atem, wie er kommt und geht. Du musst gar nichts erreichen, gar nichts leisten. Sei nur ganz in Deinem Atem. Du atmest ein, Du atmest aus. Sonst gar nichts. Das genügt. Dann bist Du ganz bei Dir. Und dann öffne Deine Augen und nehme wahr, was Du siehst: Du schaust in Dein Zimmer, in Dein Büro. Was siehst Du da? Wenn Du wach in Dein Zimmer schaust, nimmst Du Dich selbst darin wahr. Alles, was Du siehst, ist Ausdruck von Dir. Gehe

behutsam mit Dir um und mit allem, was Dich umgibt und was Deine Seele ausdrückt.

> Wenn Du in der Mittagspause alleine bist. Halte ein paar Augenblicke inne. Gehe einige Minuten achtsam und denke an Gottes Gegenwart. Oder sprich beim langsamen Gehen im Herzen das Wort: »Zeige mir, Herr, deine Wege.«

2. Vergessen

Häufig vergessen wir im Alltag, was wir uns vorgenommen haben. Wir machen uns Vorsätze. Zum Beispiel haben wir uns vorgenommen, den Morgen mit einem Ritual zu beginnen. Oder wir überlegten uns, wie wir dem Chef begegnen wollen und wie wir auf schwierige Situationen mit Mitarbeitern reagieren möchten. Aber in der Realität vergessen wir, was wir uns vorgenommen oder ausgedacht haben. Die äußeren Realitäten bestimmen uns. Wir reagieren nicht aus einer inneren Freiheit heraus, sondern lassen uns die Reaktion von den anderen aufdrängen. Wir vergessen uns dabei selbst. Wir sind nicht in Berührung mit uns, sondern lassen uns von außen bestimmen.

Die wörtliche Bedeutung von vergessen ist, »etwas aus dem geistigen Besitz zu verlieren«. Wir vergessen etwas, was wir schon verstanden hatten. In einem Moment hatten wir es. Es war uns etwas vertraut. Und im nächsten Moment kam es uns abhanden. Es ist nicht mehr da. Oder wir wussten etwas, eine wichtige Einsicht. Jetzt ist die Einsicht wie weg geblasen. Vergessen heißt also: ständig etwas verlieren, was uns wichtig war. Letztlich bedeutet vergessen, sich selbst zu verlieren, seine Mitte zu verlieren und das zu verlieren, woraus wir einmal gelebt haben.

Cicero nennt die Undankbarkeit ein Vergessen meiner eigenen Menschlichkeit, einen Verstoß gegen die »humanitas«, gegen die Menschlichkeit. Danken kommt von denken. In der Undankbarkeit vergessen wir zu denken. Wir lassen uns von der eigenen Unzufriedenheit oder Undankbarkeit bestimmen. Wir denken nicht über uns und unser Leben nach. Wir vergessen, dass wir Menschen sind. An Stelle dessen regen wir uns über vieles auf, wir werden unzufrieden und undankbar. Undankbare Menschen sind immer unangenehme Menschen. Man kann ihnen nie etwas recht machen. An allem haben sie etwas auszusetzen.

Wir kennen das Vergessen ebenso im zwischenmenschlichen Bereich. Zum Beispiel hat ein Mann seiner Frau Verschiedenes aufgetragen, was sie tagsüber für die Familie erledigen soll. Doch am Abend stellt sie fest, dass vieles von dem, was ihr Mann ihr gesagt hatte, unerledigt geblieben ist. Sie entschuldigt sich, es einfach vergessen zu haben. In Wirklichkeit ist das Vergessen oft ein Widerstand gegen etwas, was andere von mir wollen. Die Frau konnte ihrem Mann nicht direkt widersprechen. Dazu war er zu mächtig. Ihre einzige »Waffe« war das Vergessen. Wenn wir diese Erfahrung auf unsere Vergesslichkeit beziehen, dann steckt in unserem Vergessen oft ein Widerstand. Wir haben uns etwas vorgenommen, was wir im Kurs gelernt haben. Und wir möchten es unbedingt im Alltag verwirklichen. Aber etwas in unserer Seele rebelliert dagegen und wir vergessen einfach, was wir uns vorgenommen hatten. In diesem Fall brauchen wir uns wegen unserer Vergesslichkeit nicht gleich zu beschimpfen. Vielmehr sollten wir unser Vergessen genauer anschauen und uns fragen, was in uns gegen den eigenen Vorsatz rebelliert. Vielleicht haben wir uns zu viel vorgenommen. Vielleicht wollten wir mit unseren Vorsätzen anderen oder auch uns selbst beweisen, wie spirituell wir sind oder wie achtsam und bewusst wir leben. Wenn wir unser Vergessen anschauen, dann können wir vielleicht etwas entdecken, was wir wirklich in unserem Alltag leben möchten und wie wir unseren Alltag verwandeln können.

Der Preis des Vergessens

Als Gott die Welt erschuf, wollte er einen Spiegel für seine Weisheit, Güte und Liebe.

Da ging er zu den Sternen, zur Sonne und zum Mond und fragte: »Wollt ihr der Spiegel meiner Weisheit, Güte und Liebe sein?« – Die Gestirne sagten aber: »Nein, das wollen wir nicht.«

Da ging Gott zu den Pflanzen, zu den Bäumen, zum Weizen und zu den Feldblumen und fragte auch sie: »Wollt ihr der Spiegel meiner Weisheit, Güte und Liebe sein?« – Auch die Pflanzen sprachen: »Wir haben alles, was wir brauchen. Nein, das wollen wir nicht.«

Dann ging Gott zu den Tieren, zum Löwen, zu den Bienen und zum Steinbock und fragte: »Wollt ihr der Spiegel meiner Weisheit, Güte und Liebe sein?« – Auch die Tiere antworteten: »Nein, das wollen wir nicht.«

Kein Geschöpf wollte Gottes Spiegel sein.

Und so ging Gott zu dem Menschen und fragte den Menschen: »Willst Du der Spiegel meiner Weisheit, Güte und Liebe sein?« – Der Mensch hat aber die Gabe der Neugierde und sprach: »Ja, ich will es.«

Und so wurde der Mensch Gottes Spiegel, der Spiegel seiner Weisheit, Güte und Liebe. Aber er hatte einen Preis, den Preis des Vergessens.

Und so hat der Mensch vergessen, dass er Gottes Spiegel ist, der Spiegel seiner Weisheit, Güte und Liebe.

NACHERZÄHLT VON ERWIN SICKINGER

Übung für den Alltag

> Halte inne und spüre in Dich hinein: Was habe ich vergessen, was mir einmal wichtig war? Warum habe ich es vergessen? Und dann versuche, Dich zu spüren. Was sagt Dir Dein Herz jetzt? Was ist jetzt für Dich wichtig? Was möchtest Du jetzt leben? Und welche Einsicht möchtest Du festhalten, damit Du sie nicht mehr verlierst?

3. Zu viel Arbeit

Eine andere Falle, den Schlüssel zu verlegen, ist, uns mit Arbeit zuzudecken. Wir meinen, die Arbeit muss erledigt werden und wir können uns der Arbeit nicht entziehen, die uns aufgetragen wird. Das ist sicher oft der Fall. Aber auch dann bin ich dafür verantwortlich, mich gegen das Übermaß an Arbeit zu wehren. Ich kann für eine kurze Zeit einmal mehr arbeiten, als meinem Maß entspricht. Aber wenn ich ständig zu viel arbeite, rächt sich das irgendwann. Aus diesem Grund muss ich immer wieder genau hinschauen: Was ist unbedingt nötig zu tun? Was kann ich loslassen? Wogegen muss ich mich wehren? An welcher Stelle muss ich Grenzen setzen?

Manchmal ist das Zuviel an Arbeit aber eine Ausrede. Natürlich gibt es immer etwas zu tun. Aber ich muss nicht alles tun, was getan werden sollte. Ich darf auch in Freiheit Grenzen setzen, wie lange und wie viel ich arbeiten möchte. Im Haushalt gibt es immer etwas zu tun. Viele Frauen und Männer haben das Gefühl, dass sie nie fertig werden mit der Arbeit. Ähnlich ist es mit der Arbeit in der Firma. Ich könnte jeden Abend noch lange im Büro sitzen und alles erledigen. Doch wenn ich mich selbst achte, setze ich mir feste Zeiten, in denen ich aufhöre zu arbeiten. Alles Übrige kann bis morgen warten. Wenn ich tatsächlich jeden Tag zu viel arbeite, muss ich überlegen, wie ich die Arbeit anders organisiere oder wie ich manches abgeben kann. Vielleicht erkenne ich auch, dass manche Arbeit überflüssig ist. Ich werde über die Prioritäten nachdenken. Was ist wirklich wichtig? Und was ist nur zur Gewohnheit geworden? Oder wo möchte ich einfach die Erwartungen anderer erfüllen?

Ob ich zu viel arbeite oder nicht, spüre ich an meinen Gefühlen. Wenn alles fließt und ich innerlich ruhig bin, dann kann ich durchaus viel arbeiten. Die Arbeit reißt mich nicht aus meiner Mitte heraus. Aber wenn ich durch die viele Arbeit innerlich leer werde, wenn ich mich selbst in der Arbeit verliere, dann sollte ich mich fragen: Warum arbeite ich so viel? Macht mir die Arbeit wirklich Freude, oder lasse ich mich von der Arbeit definieren? Bin ich nur etwas wert, wenn ich etwas leiste? Definiere ich mich über mein Tun oder mein Sein?

Es ist auch möglich, dass ich durch meine Arbeit etwas verdrängen oder zudecken möchte. Dann fliehe ich vor dem Nichtstun, weil ich dann nichts bin. Und wenn nichts los ist, habe ich Angst, weil sich meine Seele zu Wort meldet und mir signalisieren könnte, dass etwas mit mir und in mir nicht stimmt. Alles, was wir tun, hat einen Sinn. Wenn ich zu viel arbeite, hat das einen Sinn. Es kann sein, dass ich anderen helfe. Das ist gut. Aber wenn es mir zu viel wird, dann zeigt sich, dass ich mich in meinem Helfen selbst überhöhe. Ich nehme mich selbst zu wichtig. Ich meine, ich müsste jedem helfen und alle Probleme lösen. Dann wäre es gut, wenn ich mir meiner Grenzen bewusst werden würde. Ich helfe gerne, aber ich kann nicht die ganze Welt retten. Ich bin nicht der Erlöser der Welt. Das ist Jesus Christus, aber nicht ich.

Gönne dich dir selbst

Bist du etwa dir selbst ein Fremder? Und bist du nicht jedem fremd, wenn du dir selbst fremd bist? Ja, wer mit sich selbst schlecht umgeht, wem kann der gut sein?
Denk also daran: Gönne dich dir selbst. Ich sage nicht: Tue das immer. Ich sage nicht: Tue das oft, aber ich sage: Tue es immer wieder einmal. Sei wie für alle anderen auch für dich selbst da, oder jedenfalls sei es nach allen anderen.

BERNHARD VON CLAIRVAUX

Übung für den Alltag

> Wenn Du spürst, dass Du Dein Maß überschreitest oder erschöpft bist, dann sprich in Deinem Inneren: »Herr, segne mein Tun und segne mein Lassen.« Dann spürst Du im Segnen, was jetzt dran ist: etwas zu tun oder etwas zu lassen.

4. Routine

Routine drückt eigentlich etwas Positives aus. Sie meint die handwerkliche Gewandtheit und Fertigkeit, die Erfahrung, die jemand bei seiner Arbeit mitbringt. Das Wort »Routine« kommt vom französischen Wort »route«, was »Weg« bedeutet. Es drückt also die Wegerfahrung aus, die Erfahrungen, die ich auf dem Weg meiner handwerklichen oder spirituellen Ausbildung gemacht habe und die mir jetzt eine gewisse Fertigkeit und Sicherheit schenken. Doch in der Arbeit und im Alltag wird Routine oft negativ gebraucht. Wenn alles zur bloßen Routine wird, mache ich etwas immer und immer wieder gleich. Es ist ein Vorgang ohne Kreativität. Ich bin dabei nicht wirklich selbst beteiligt und mache es, weil es immer so gemacht worden ist. Aber meine Persönlichkeit ist nicht gefragt. Es ist nicht *meine* Arbeit. Und diese Routine schleicht sich in den Alltag ein. Es sind immer die gleichen Abläufe, ohne dass man sich Gedanken macht, ob das gut oder schlecht ist.

Auch das Miteinander in der Ehe oder Familie kann zur Routine erstarren. Wenn der Alltag immer gleich abläuft, funktioniert er, ist aber nicht mehr beseelt. Man frühstückt miteinander, aber hat sich nichts zu sagen, außer zum Beispiel der oberflächlichen Absprache von Terminen. Routine kann der Tod der Lebendigkeit sein und tödlich für die Liebe werden. Vielleicht laufen sogar die Rituale routiniert ab, die ich mir vorgenommen habe. Aber auch sie sind dann leer.

Ich bin nicht persönlich dabei. Es läuft einfach ab und geht an mir vorbei. Mein Herz ist nicht beteiligt.

Wenn wir das Gefühl haben, dass alles zur Routine geworden ist, dann heißt das nicht, dass wir den Alltag ganz anders gestalten sollen. Die äußeren Abläufe können durchaus so bleiben. Routine ist zuerst eine Erleichterung. Ich muss nicht alles neu erfinden. Aber es ist dann unsere Aufgabe, das, was zur Routine geworden ist, wieder mit Leben und mit Herzblut zu füllen. Es muss mein persönliches Tun werden. Ich darf das, was ich tue, mit Liebe erfüllen. Dann wird die Routine zu einem Ritual verwandelt, das uns miteinander verbindet, und zu einem Ort, an dem ich mich selbst spüre und mit meiner Mitte in Berührung komme.

Übungen für den Alltag

> Wenn Du spürst, dass ermüdende Routine und Langeweile in Dir auftauchen, dann frage Dich: »Welche Freude ist mir abhandengekommen? Welche ursprüngliche Freude lag in meinem Tun, in meinem Morgenritual, in meiner Arbeit, in meiner Weise, den Alltag daheim zu leben?« Und: »Was kann mir helfen, dass ich die ursprüngliche Freude wieder spüren kann?«

> Lade Deinen Partner/Deine Partnerin zu einem Gespräch ein: »Was haben wir einander schon lange nicht mehr gesagt? Was haben wir schon lange nicht mehr zusammen getan?«

> Verabrede Dich mit Deinem Ehepartner zu einem kreativen Abend. Im Wechsel plant und gestaltet jeder den Abend und überrascht damit den anderen. Verratet vorher nichts. Vermerkt den Abend fest in Eurem Kalender: »Verabredung zum Überraschungsabend.«

5. Zu hohe Erwartungen

Gott, was ist Glück!
Eine Grießsuppe, eine Schlafstelle und keine körperlichen Schmerzen – das ist schon viel.
Das Glück, wenn es mir recht ist, liegt in zweierlei: darin, dass man ganz da steht, wo man hingehört, und zum zweiten und besten in einem behaglichen Abwickeln des ganz Alltäglichen, also darin, dass man ausgeschlafen hat und dass einen die neuen Stiefel nicht drücken. Wenn einem die 720 Minuten eines zwölfstündigen Tages ohne besonderen Ärger vergehen, so lässt sich von einem Tage unter einem glücklichen Stern sprechen.

THEODOR FONTANE

Viele Menschen leiden heute darunter, dass von allen Seiten Erwartungen auf sie einströmen. Dabei sind die Erwartungen oft widersprüchlich. Die Erwartungen der Firma sind anders, als die Erwartungen der Familie. Die Erwartungen des Chefs widersprechen den Erwartungen der Mitarbeiter. Die Erwartungen der Kunden stehen den Erwartungen der Firma entgegen. Viele fühlen sich von den Erwartungen aus den verschiedensten Richtungen innerlich zerrissen. Ganz gleich, welchen Erwartungen sie gerecht werden, es gibt immer andere Erwartungen, die sie nicht erfüllen können. Dieses Hin und Her zwischen den Erwartungen reibt sie auf und macht sie unzufrieden. Wir können niemals alle Erwartungen zufriedenstellen. Wir müssen uns entscheiden, welche wir erfüllen wollen und welche nicht. Wenn wir durch den Druck, alle Erwartungen erfüllen zu wollen, unsere eigene Freiheit verlieren, reiben wir uns selbst auf und überfordern uns.

Die ehrlich gestellte Frage, warum wir alle Erwartungen erfüllen möchten, führt uns oft zu unserem Bedürfnis, bei allen beliebt zu sein. Wenn wir zu einer Erwartung nein sagen, dann könnte der andere beleidigt sein. Oder er wird seine Freundschaft aufkündigen oder uns einfach nicht mehr so lieben. Wir setzen uns also selbst unter Druck, die Erwartungen erfüllen zu müssen, um beliebt zu sein. Es ist gut, die eigene Bedürftigkeit anzuschauen und sich einzugestehen. Dann kann ich mich von meiner Bedürftigkeit in diesem Augenblick distanzieren und den Mut finden, nein zu sagen.

Doch es gibt nicht nur die Erwartungen, die von außen auf uns zukommen. Oft scheitern wir im Alltag durch zu hohe Erwartungen an uns selbst. Wir haben bei einem Kurs gute Erfahrungen gemacht. Danach erwarten wir von uns, dass alles anders wird, dass wir jetzt ganz bewusst leben werden. Doch wir nehmen uns zu viel vor. Wir haben zu hohe Erwartungen an uns selbst, die wir nicht erfüllen können und uns nur frustrieren. Wir sind enttäuscht über uns selbst. Und dann geben wir alle Erwartungen auf. Wir sagen uns, es hat ja sowieso keinen Sinn. Der Alltag ist ganz anders und es wird wieder genauso ablaufen wie zuvor. Wenn wir zu hohe Erwartungen an uns haben, kann sich in unserem Alltag nichts verwandeln. Im Gegenteil, wir gehen entmutigt und enttäuscht in unseren Alltag zurück. Es ist eine Kunst, alle Erwartungen auf ein realistisches Maß zurückzuschrauben. Und wenn wir unsere Erwartungen nicht erfüllen, dann sollen wir nicht das Kind mit dem Bad ausschütten, sondern die

Erwartungen revidieren. Die Verhaltenspsychologie sagt uns: Ob wir unsere Vorsätze erfüllen oder nicht, liegt nicht an der Willensstärke, sondern an der Klugheit. Wenn wir unsere Erwartungen nicht erfüllen, beschimpfen uns oft selbst und verurteilen uns sogar für die schwache Willenskraft. Doch es liegt nicht an der Willenskraft, sondern an der Klugheit. Wir müssen überlegen, ob unsere Erwartungen realistisch sind. Es wäre klug zu fragen: Was ist realistisch? Welche Erwartungen kann ich ohne große Kraftanstrengung erfüllen? Und was hilft mir, meine Erwartungen zu erfüllen?

Die zu hohen Erwartungen behindern oft den geistlichen Weg. Wir erwarten von uns, spirituelle Menschen zu sein. Haben wir einmal spirituelle Erfahrungen gemacht, erwarten wir von ihnen sofort eine innerliche Verwandlung. Aber in uns gibt es nicht nur eine spirituelle Seite, sondern auch eine weltliche. Und es gehört Demut dazu, sich einzugestehen, dass wir nicht nur spirituell sind, sondern oft banal und alltäglich. Dann erwarten wir zu viel von der spirituellen Durchdringung des Alltags. Die spirituelle Übung vermag unseren Alltag zu verwandeln. Aber dieser Prozess braucht seine Zeit. Und es bleibt vieles sperrig in uns, was sich nicht so leicht verwandeln lässt.

Manche Leute wollen Gott mit den Augen ansehen, mit denen sie eine Kuh ansehen, und wollen Gott lieben, wie sie eine Kuh lieben. Die liebst du wegen der Milch und des Käses und deines eigenen Nutzens. So halten es alle jene Leute, die Gott um äußeren Reichtums oder inneren Trostes willen lieben, die aber lieben Gott nicht recht, sondern sie lieben ihren Eigennutz.

MEISTER ECKHART

Übungen für den Alltag

> Schaue Deine Erwartungen an. Welche Erwartungen sind Dir wichtig, welchen möchtest Du entsprechen? Und warum möchtest Du ihnen entsprechen? Bei welchen Erwartungen hast Du Angst, ihnen zu widersprechen? Was könnte geschehen, wenn Du diese oder jene Erwartung nicht erfüllst? Und dann schaue Deine eigene Bedürftigkeit an, die hinter Deinem Wunsch steht, die Erwartungen zu erfüllen.

> Wenn Dich jemand bittet, etwas zu tun, und Du hast das Gefühl, es ist zu viel für Dich, dann sage zum Bittenden: »Schön, dass Du mir das zutraust, aber leider kann ich Dir Deine Bitte nicht erfüllen.« Du musst dann gar keinen Grund suchen, warum Du die Bitte nicht erfüllen kannst. Denn dann würdest Du Dich auf eine Diskussion einlassen, ob Deine Gründe wirklich stichhaltig sind. Sage einfach, dass Du die Erwartungen leider nicht erfüllen kannst.

6. Widerstand

Das Thema »Widerstand« ist uns schon beim Thema »Vergessen« begegnet. Es gibt aber einen grundsätzlicheren Widerstand, der verhindert, dass sich unser Alltag verwandeln darf. Das ist der Fall, wenn wir uns so sehr mit unseren Gewohnheiten identifizieren, dass jede Veränderung in unserem Herzen auf Gegendruck stößt. Neue Verhaltensweisen, neue Regeln, neue Rituale stoßen bei uns häufig auf Widerstand. Wir sind zwar nicht zufrieden mit dem Ist-Zustand. Doch wenn wir konkret überlegen, was wir verändern können, dann spüren wir in unserem Herzen eine Beharrungstendenz. Es sollte doch alles so bleiben, wie es war. Auch wenn wir nicht zufrieden sind, kennen wir uns wenigstens aus. Alles Neue erzeugt in uns auch Angst. Die Angst drückt sich dann im Widerstand aus. Wir wollen die Angst vermeiden, indem wir den Neuerungen widerstehen.

Im Zusammenhang mit spirituellen Veränderungen gibt es oft Widerstände. Denn wenn ich spirituell etwas ändere, kann es sein, dass ich meiner eigenen Wahrheit begegnen werde. Und das ist manchmal durchaus unangenehm. Ich möchte zwar etwas verändern in meinem Leben, aber ich möchte mich nicht so gerne mit meinen Gedanken und Gefühlen auseinandersetzen. Ich sehne mich zum Beispiel nach Ruhe und ich nehme mir vor, Zeiten der Stille einzubauen. Doch dann spüre ich, dass die Ruhe mich aufwühlt und mit mir selbst konfrontiert. Es können Gedanken aufkommen, die mir Angst machen, zum Beispiel der Gedanke, mein Leben stimmt nicht mehr, ich lebe an mir selbst vorbei oder müsste neu auf meinen Partner, auf meine Partnerin eingehen. Jesus sagt: »Allein die Wahrheit wird euch frei machen.« (Joh 8,32) Doch es ist nicht angenehm, sich der eigenen Wahrheit zu stellen. Nur wenn ich weiß, dass alles sein darf und ich vor nichts Angst haben muss, weil ich mit allem, was in mir ist, von Gott angenommen bin, nur dann kann ich den Widerstand gegen Ruhe und Stille überwinden.

Widerstand hat immer einen Sinn. Daher ist die erste Aufgabe, den Sinn des Widerstands zu verstehen. Was will der Widerstand mir sagen? Habe ich mir zu viel vorgenommen? Oder haben sich in mein Leben so viele Muster eingeschlichen, die ich nicht so leicht verändern kann? Oder gibt es automatische Abläufe, die sich so eingeprägt haben, dass sie sich nicht durchbrechen lassen?

Geistliches Leben bedeutet, bewusst diese Muster und Automatismen anzuschauen und sie zu durchbrechen. Das ist nicht leicht. Nur wenn ich die Muster erkenne, kann ich sie durchschauen. Ein typisches Muster ist zum Beispiel, vor dem Fernseher Erdnüsse zu essen. Wenn ich mir dieses Muster anschaue, werde ich erkennen, dass dahinter vielleicht ein Belohnungssystem steckt. Ich belohne mich dafür, dass ich heute so viel gearbeitet habe. Oder aber ich bin frustriert und decke durch dieses Muster das negative Gefühl zu. Dann wäre es gut, diese Muster bewusst zu durchbrechen. Geistliches Leben heißt: achtsam zu leben. Und das bedeutet eben, sich nicht von den Mustern und Automatismen bestimmen zu lassen, sondern in Freiheit seinen Weg zu gehen.

Übungen für den Alltag

> Wenn Du einen Widerstand in Dir spürst, dann frage Dich, wogegen sich der Widerstand richtet. Was für einen Sinn hat der Widerstand? Was müsste sich verändern, damit wieder etwas in Fluss kommt? Ein Methodenwechsel wirkt manchmal Wunder. Welche andere Methode könnte ich anwenden, damit mein Leben wieder zu fließen beginnt?

> Wenn Du merkst, dass Dich in der Arbeit oder im Gespräch etwas blockiert, dann höre einfach mit dem auf, womit Du nicht weiterkommst. Halte inne und frage Dich: Was ist jetzt dran? Welchen kleinen Schritt sollte ich jetzt gehen? Es muss kein großer Schritt und kein großer Vorsatz sein. Manchmal genügen kleine Schritte, um etwas in Bewegung zu bringen.

7. Keine Zeit

Das Argument »Ich habe keine Zeit« ist für viele eine willkommene Ausrede, sich um den Schlüssel für ein neues Leben nicht kümmern zu müssen. Ich habe keine Zeit, den Schlüssel zu suchen. Ich habe keine Zeit, Rituale zu pflegen. Ich habe keine Zeit, mir Zeiten der Stille zu gönnen. Es ist immer so viel zu tun. Wenn ich nach Hause komme, erwartet meine Familie von mir, dass ich ganz für sie da bin. Wenn ich in der Firma bin, strömen sofort die vielen Wünsche und Anfragen auf mich ein. Wo sollte da noch Zeit bleiben für das, was ich mir beim Kurs vorgenommen habe?

Warte nicht auf eine spätere, gelegene Zeit,
denn du bist nicht sicher, ob du sie haben wirst.
Die Zeit entschwindet unbemerkt.
Darum versäumt – wer klug ist – keine Zeit
und gibt die gegenwärtige Stunde,
die ihm gehört, nicht ungenutzt weg für eine andere Stunde,
die noch nicht sein eigen ist.

KATHARINA VON SIENA

Wir wissen: Für das, was uns wichtig ist, nehmen wir uns Zeit. Wenn es uns wichtig ist, im Internet zu surfen, dann nehmen wir uns die Zeit. Wenn uns die Sportschau am Samstagabend wichtig ist, dann haben wir Zeit dafür. Es ist also eine Frage, wofür ich mir Zeit nehme. Den Schlüssel in der Hand zu haben und die Tür zum Leben aufzuschließen kostet nicht viel Zeit. Rituale brauchen auch nicht viel Zeit. Es gibt Rituale, für die ich mir bewusst Zeit nehme – etwa zwanzig Minuten zum Meditieren oder für das Lesen eines Buches –, aber es gibt andere Rituale, die keine Zeit kosten. Es ist ja auch ein Ritual, wenn ich die Fahrt zur Arbeit nicht mit Planen zustopfe, sondern mir die Zeit bewusst gönne, mich auf die Arbeit einzustellen und Gott um Segen für die Mitarbeiter und Kunden zu bitten.

Es ist also eine Frage, *wie* ich die Dinge tue, die ich sowieso tue. Ich benötige keine Minute mehr Zeit. Ich brauche meine Fahrten, meine Wege, mein Aufstehen, mein Heimkommen nur in einer anderen Weise zu vollziehen, dann wandelt sich schon mein Alltag. Es gibt genügend Tätigkeiten in meinem Alltag, die ich mit einem bestimmten Gedanken oder Bild verbinden kann, ohne dass ich extra Zeit aufwenden muss. Ich lasse mich durch das Aufstehen, durch das Anziehen, durch die Gänge, die ich gehe, an etwas Wichtiges und Wertvolles erinnern. Ein paar Beispiele mögen das zeigen:

Übungen für den Alltag

> Wenn Du morgens aufstehst und Deine Füße den Schlafzimmerboden berühren, dann bekreuzige Dich. Stelle mit dem Kreuzzeichen Dich selbst und alles, was Du heute tust, unter den Segen Gottes. Oder sprich, sobald Du auf den Boden trittst: »Meine Hilfe ist im Namen des Herrn.« Das verwandelt Dein Aufstehen.

> Wenn Du unter der Dusche stehst, stell Dir vor, dass Gott alles, was sich wie Staub auf Deine Seele gelegt hat, abwäscht, dass er Dich reinigt von allen trüben Gedanken, von allem, was Dein ursprüngliches und unverfälschtes Bild trübt.

> Wenn Du Dich anziehst, verbinde es mit dem Wort: »Alle, die auf Christus getauft sind, haben Christus als Gewand angezogen.«

> Wenn Du ein Stück Brot aufschneidest, kannst Du dazu sprechen: »Gib mir das Brot, das ich heute brauche für Leib und Seele.«

III.
SIEBEN HELFER

Hab Mut,
deinem Herzen und deiner Intuition zu folgen.
Irgendwie ist das der richtige Weg.

STEVE JOBS

Am Ende unserer Kurse fragen die Menschen immer wieder nach Hilfestellungen oder Helfern, damit sie etwas von den Erfahrungen des Kurses mitnehmen können. Sie möchten ihren Alltag verwandeln. Aber zugleich haben sie Angst, dass der Alltag wieder alles einebnet, was sie sich vorgenommen haben. Sie brauchen Helfer, die sie dabei unterstützen, ihren Alltag aus einer spirituellen Quelle heraus zu bewältigen und nicht wieder in das alte Hamsterrad zurückzufallen. Wir haben sieben Helfer gefunden, die uns daran erinnern, wo gerade unser Schlüssel liegt, den wir jetzt brauchen für die Verwandlung unseres Lebens.

1. Rituale

Beten heißt:
sich von den Engeln
die Flügel
ausborgen.

Ein wichtiger Helfer, damit sich unser Leben wandelt, sind die Rituale. Rituale können ganz einfach sein. Es sind einfache Tätigkeiten, die ich aber bewusst wiederhole. Wir möchten nur ein paar Wirkungen der Rituale beschreiben und dann ein paar konkrete Rituale anschauen. Rituale schaffen eine heilige Zeit. Heilig ist für die Griechen das, was der Welt entzogen ist. Die heilige Zeit, die das Ritual uns schenkt, ist also eine Zeit, die ganz und gar uns, beziehungsweise Gott gehört. Unsere alltägliche Welt mit ihren Erwartungen hat keinen Anspruch auf diese Zeit. Es ist eine Zeit, in der wir aufatmen können, in der wir das Gefühl haben, selbst zu leben, anstatt gelebt zu werden. Gerade wenn wir uns in der Arbeitswelt vielen Erwartungen ausgesetzt fühlen, brauchen wir ein Gegengewicht. Das sind die Rituale. Wenn wir jeden Tag eine heilige Zeit haben, verwandelt diese auch die übrige Zeit. Dann steigen wir zumindest in dieser heiligen Zeit aus dem Hamsterrad aus. Die Zeit hat uns nicht im Griff. Denn jeden Tag gibt es eine heilige Zeit, die nur uns gehört.

Rituale schließen eine Tür und öffnen eine Tür. Viele Menschen stehen immer im Durchzug. Sie haben die Tür der Arbeit nicht geschlossen und die Tür der Familie, des Zuhauseseins, noch nicht geöffnet. Sie stehen zwischen den Türen und sind nirgends ganz dabei. Das Türeschließen bezieht sich auf viele Tätigkeiten. Wenn ich einen Brief schreibe und ein Mitarbeiter kommt gerade herein, muss ich die Tür des Briefeschreibens für einen Augenblick schließen, damit ich mich ganz auf den Mitarbeiter einlassen kann. Heute sprechen viele von »Multitasking«, wenn sie mehrere Aufgaben gleichzeitig erledigen. Doch Untersuchungen zeigen, dass das »Multitasking« ineffektiv ist. Ich arbeite viel effektiver, wenn ich die Tür der einen Arbeit schließe und mich ganz auf das einlasse, was gerade dran ist. Ein Ritual befähigt mich, im Augenblick zu sein.

Rituale geben Anteil an den Wurzeln. Wenn ich persönlich für mich Rituale feiere, die schon meine Eltern und Großeltern gefeiert haben, komme ich in Berührung mit den Wurzeln, aus denen ich lebe, und habe teil an der Lebenskraft und Glaubenskraft meiner Vorfahren. Das gibt mir heute Energie. Daniel Hell, ein Schweizer Psychiater, meint, einer der vielen Gründe für Depressionen ist die Wurzellosigkeit. Wenn ich keine Wurzeln habe, wird mein Lebensbaum nicht genährt. Er verliert seine Widerstandskraft. Und wenn er von seinen Wurzeln abgeschnitten ist, geht er auf Dauer ein.

Als eine vierte Wirkung bringen mich Rituale in Berührung mit mir selbst, mit meiner Mitte und der inneren Quelle, aus der ich schöpfe. Im Ritual bin ich ganz bei mir. Oft spüren wir uns im Alltag nicht mehr. Wir werden von außen gelebt. Es ist heilsam, innezuhalten, um im Inneren Halt zu finden. Rituale sind eine Hilfe, mich selbst zu spüren und durch die Gefühle hindurch in den Grund der Seele zu gelangen. Dort ist eine Quelle von Freude, von Liebe, von Energie, die letztlich von Gott kommt. Wenn ich aus dieser Quelle schöpfe, fühle ich mich erfrischt und gestärkt. Ich komme wieder bei mir selbst an und laufe nicht draußen herum. Das Ritual ist ein Schlüssel, der mir mein eigenes Inneres aufschließt, damit ich aus diesem Inneren heraus, aus der Mitte heraus, aus der inneren Quelle heraus lebe.

Was ich von den persönlichen Ritualen geschrieben habe, gilt auch für die gemeinsamen Rituale, beispielsweise in einer Firma. Wenn sich eine Firma gönnt, Rituale gemeinsam zu feiern, dann bekommt die Firma Anteil an ihren Wurzeln. Sie schöpft Kraft aus den Wurzeln ihres Ursprungs. Wenn Rituale in einer Firma heilige Räume schaffen, in denen man sich Zeit füreinander nimmt, wird automatisch der Druck aufgelöst, unter dem viele stehen. Es gibt dann in der Firma einen Raum des Aufatmens, des Luftschöpfens und der inneren Freiheit. Gute Rituale, zum Beispiel Sitzungen zu beginnen und zu schließen, sind ein Segen für die Firma. Sitzungen, die keinen richtigen Anfang und kein klares Ende haben, lähmen und saugen die Mitarbeiter aus. Gemeinsame Rituale in der Firma haben aber noch zwei andere Wirkungen: Rituale sind eine Möglichkeit, Gefühle und Gedanken zu äußern, die sonst nicht geäußert werden. Wenn ich am Geburtstag persönliche Worte an das Geburtstagskind richte, tut es ihm gut. Das ist eine gute Form der Wertschätzung. Letztlich schaffen Rituale Familienidentität beziehungsweise eine Firmenidentität. Sie geben den Mitarbeitern das Gefühl, eine gute Firma zu sein und eine Gemeinschaft, die trägt und in der sie gerne sind und arbeiten.

Übungen für den Alltag

Wir möchten Dir ein paar ganz einfache Rituale vorschlagen:

> Wenn Du die Türklinke in Dein Büro drückst, sage zu Dir: »Gott, segne heute alles, was hier in diesem Raum geschieht.«

> Wenn Du ein schwieriges Gespräch hast, nimm Dir kurz vorher Zeit, Dich selbst zu spüren und bitte Gott um seinen Segen für dieses Gespräch.

Viele Rituale beziehen sich auf das Miteinander:

> Versuche, einmal am Tag in der Familie jemanden liebevoll anzuschauen und zu berühren.

> Sprich in der Firma einmal am Tag bewusst ein gutes Wort oder ein Wort der Anerkennung oder Anteilnahme aus.

2. Worte

Suche finde das Wort
Das nicht verloren geht.

Gib es allen
Denen es gehört

ROSE AUSLÄNDER

Die frühen Mönche – beschrieben hat sie vor allem Evagrius Ponticus im 4. Jahrhundert – haben eine eigene Meditationsmethode entwickelt, die sogenannte »antirrhetische Methode«, »Gegenwortmethode«. Sie gehen davon aus, dass uns manche Worte, die wir in unserem Kopf ständig wiederholen, krank machen und schaden. Wenn ich mir ständig vorsage »das kann ich nicht« oder »das ist zu viel für mich« oder »schon wieder dieser blöde Mitarbeiter«, erlebe ich meine Arbeit und meine Mitarbeiter negativ. Die Worte sind wie Brillen, durch die wir auf uns selbst, auf unsere Arbeit und auf die Menschen um uns herum schauen. Oft haben wir trübe Brillen auf, die uns die Sicht verstellen. Wir sehen dann alles in einem trüben Licht, gleichsam wie hinter einem Grauschleier. Manche Menschen führen ständig Selbstgespräche. Bei anderen laufen immerzu die gleichen Tonbänder ab. In diesen Tonbändern heißt es fortwährend: »Wie blöd die anderen sind. Wie kann man nur so komisch aussehen. Ich kann die Situation nicht mehr aushalten. Ich habe keine Lust mehr zu dieser blöden Arbeit. Alles wird mir zu viel.« Solche Tonbänder, mit destruktiven Selbstgesprächen, ziehen uns innerlich nach unten.

Die Mönche setzen gegen diese negativen Worte und vergiftenden Selbstgespräche auf die heilsame und verwandelnde Kraft von Bibelworten. Wenn ich meine Angst noch durch Worte verstärke wie »Das kann ich nicht, was denken die Leute von mir?«, dann darf ich mir Psalm 118 vorsagen: »Der Herr ist mit mir, ich fürchte mich nicht. Was können Menschen mir antun?« Mit dem Psalmenwort vertreibe ich nicht meine Angst, aber ich komme mitten in meiner Angst in Berührung mit dem Vertrauen, das in mir ist. Jeder von uns hat immer beide Pole: Er hat Angst und er hat Vertrauen. Aber oft sind wir auf unsere Angst fixiert. Und negative Worte lassen die Angst in uns immer stärker werden. Das Psalmenwort entmachtet meine Angst. Es lässt das Vertrauen, das auf dem Grund meiner Seele in mir bereitliegt, höher steigen, so dass auch mein Bewusstsein und meine Gefühle vom Vertrauen berührt werden.

Evagrius hat noch eine andere Methode beschrieben, wie wir mit negativen Gedanken umgehen können. Er gebraucht das Bild des Türhüters. Wir sollen uns einmal still hinsetzen und uns beobachten, welche Gedanken und Gefühle in uns hochsteigen. Evagrius sagt nun: »Sei ein guter Türhüter. Frage alle Gedanken und Gefühle, die an deine Tür klopfen, was sie von dir wollen und was sie dir sagen möchten. Frage sie, ob sie dir freundlich gesinnt sind oder ob sie Hausbesetzer sind, die dir dein Hausrecht streitig machen möchten. Die feindlich gesinnten Gedanken weise als guter Türhüter weg und schließe vor ihnen die Tür. Die anderen Gedanken bitte, in dein Haus einzutreten. Und dann unterhalte dich mit diesen Gedanken darüber, was sie dir sagen möchten.« (Vgl. Ponticus, Briefe aus der Wüste, S. 188) Es ist eine gute Übung, die Gedanken, die in uns sind, anzuschauen und mit ihnen ins Gespräch zu kommen. Dadurch lernen wir uns selbst besser kennen. Wir bekommen ein Gespür dafür, welche Gedanken uns guttun und welche uns schaden möchten.

Unabhängig von den Methoden, die uns Evagrius empfiehlt, spielen gute Worte eine heilsame Rolle. Ich kann mir einige Worte suchen, die mich begleiten. Das können Worte aus der Bibel sein oder Worte, die mir ein Freund mit auf den Weg gegeben hat oder die mir meine Eltern oder Großeltern geschenkt haben. Wir möchten nur zwei Beispiele für biblische Worte anführen. Wenn ich mir Vorwürfe mache, weil ich einen Fehler begangen habe, weil in der Arbeit etwas schiefgelaufen ist oder ein Gespräch nicht optimal war, dann kann ich mir 1 Joh 3,20 vorsagen: »Wenn das Herz uns auch verurteilt, Gott ist größer als unser Herz. Und er weiß alles.« So ein Wort beruhigt mich. Ich höre auf, mich mit Selbstvorwürfen zu zerfleischen oder immer um einen Fehler zu kreisen und mich selbst zu beschimpfen.

Ein anderes Wort, das in vielen Situationen schon geholfen hat, ist das Wort, das Jesus zum Gelähmten sagt: »Steh auf, nimm dein Bett und geh!« (Joh 5,9) Der Gelähmte hatte zuvor Jesus vorgejammert, dass sich keiner um ihn kümmert, dass er niemanden hat, mit dem er sprechen kann, dass ihm niemand hilft. Jesus antwortet auf dieses Jammern nicht mit Mitleid, sondern indem er den Gelähmten mit der Kraft konfrontiert, die in ihm ist. Wir kennen viele Menschen, die große Energie damit verschwenden, zu grübeln, ob sie jetzt zu diesem Mitarbeiter gehen und mit ihm sprechen sollen, ob sie zur Geburtstagsfeier von Bekannten gehen sollen oder nicht, was sie dabei anziehen sollen usw. Vor lauter Grübeln kommen sie nicht zur Entscheidung. In diesen Momenten wäre es eine gute Hilfe, sich einfach zu sagen: »Steh auf, nimm dein Bett und geh!« Steh auf, lass dich von deinen Zweifeln und Grübeleien nicht ans

Bett fesseln, sondern nimm deine Zweifel, deine Unsicherheiten, deine Hemmungen unter den Arm und geh einfach. Tu das, was du gerade spürst. Und höre auf, danach zu fragen, was die anderen dabei denken. Uns hat dieses Wort oft bei Kursen geholfen. Als wir anfingen, Kurse zu halten, haben wir viel Kraft damit vergeudet, ständig zu grübeln, welche Übung jetzt für den Kurs passen würde, wie wir auf die Situation der Gruppe angemessen reagieren sollten usw. Es ist eine gute Möglichkeit, einfach in den Raum mit dem Satz zu gehen: »Steh auf, nimm dein Bett und geh!« Dann machen wir einfach das, was uns gerade in den Sinn kommt, ohne nachzugrübeln, ob das jetzt wirklich richtig und weiterführend ist.

Übungen für den Alltag

> Erinnere Dich daran, welche Worte aus der Bibel Dich in Deinem Leben schon berührt haben. Wenn Du Dich an keines erinnerst, blättere einmal in der Bibel und schaue, ob Dich ein Wort berührt. Schreibe Dir das Wort auf, das Dich anspricht. Und nimm dieses Wort mit in Deinen Alltag. Es ist wie eine Leuchte für Deinen Weg, eine Stütze, wenn Du fällst, ein Wort der Hoffnung, wenn Du nicht weiterweißt.

> In der evangelischen Tradition ist es üblich, jeden Morgen ein Losungswort, das in jedem Jahr neu für jeden Tag ausgelost wird, zu lesen und dieses Wort dann in den Tag mitzunehmen. Wenn Du ein Buch mit den Losungen hast, nimm Dir das Losungswort als Begleiter für den Tag mit. Dann wirst Du alles, was Dir begegnet, immer wieder mit diesem Wort konfrontieren. Das Wort wird Dir die Erfahrungen, die Du machst, deuten und in einem neuen Licht erscheinen lassen.

3. Erinnerungen

Um erfüllt leben zu können, benötigen wir Erinnerungen. Sie verbinden den gegenwärtigen Augenblick mit unserer Lebensgeschichte. Erinnerungen bringen uns mit den Wurzeln in Berührung, aus denen wir leben. Sie schließen uns an die Erfahrungen an, die wir in unserem Leben gemacht haben. Natürlich können Erinnerungen eine Flucht vor der Realität werden, wenn wir nur in der Vergangenheit leben und uns der Gegenwart verweigern. Doch gute Erinnerungen bereichern unser Leben. Sie erfüllen den Augenblick mit unserer Geschichte. Wir leben im Strom einer Geschichte, die uns geprägt hat und uns heute noch beeinflusst.

Der deutsche Dichter Jean Paul sagt von der Erinnerung: »Die Erinnerung ist das einzige Paradies, aus welchem wir nicht vertrieben werden können.« Wer im Buch seiner Erinnerungen liest, der kann gut allein sein. Er kann es auch in Situationen aushalten, die gerade nicht so angenehm sind, und ist in der Lage, Schwierigkeiten durchzustehen. Denn durch seine Erinnerung bekommt er Anteil an der Lebensweisheit, mit der er bisher sein Leben bewältigt hat. Und er erinnert sich zugleich der Hilfe, die er von Gott erfahren hat, und wie im Rückblick sich vieles gut gefügt hat. Er erkennt in der Erinnerung, wie Gott ihn durch das Leben geführt hat.

Henri Nouwen sieht die Erinnerung als einen inneren Schatz, den wir in uns tragen: »Je älter wir werden, desto mehr erinnern wir uns, und irgendwann bemerken wir, dass das meiste, wenn nicht alles von dem, was wir haben, Erinnerung ist.« (Nouwen, Erinnerung 15) Aber für Nouwen ist es entscheidend, wie wir uns erinnern. Manche erinnern sich, indem sie sich mit Schuldgefühlen zerfleischen. Andere erinnern sich nur an die Verletzungen und an die ungenützten Chancen. Solche Erinnerungen drücken uns nieder. Es gibt aber auch heilsame Erinnerungen, die Verletzungen zu heilen vermögen. Von ihnen schreibt der Philosoph Max Scheler: »Sich Erinnern ist der Anfang der Freiheit von der heimlichen Macht der erinnerten Sache oder des erinnerten Ereignisses.« Indem wir uns erinnern, gewinnen wir eine neue Haltung zu dem, was war.

Erinnerungen sind die Bedingung, mit Zuversicht in die Zukunft gehen zu können. Henri Nouwen meint, dass unsere Hoffnung auf Erinnerungen aufgebaut ist: »Ohne Erinnerung gibt es keine Erwartungen. Wir machen uns selten bewusst, dass zu den besten Dingen, die wir einander zu geben haben, gute Erinnerungen gehören.«

Die Erinnerung als Schlüssel zu einem guten Leben kann sich auf unsere vergangenen Erfahrungen beziehen. Dann leben wir aus dem Schatz der Erfahrungen, die wir in der Arbeit, aber überhaupt in unserem Leben schon gemacht haben. Wir können uns im Alltag aber auch an manche Worte erinnern, die uns im Kurs berührt haben, oder an Begegnungen mit anderen Kursteilnehmern, in denen uns etwas aufgegangen ist. Durch die Erinnerung ist das Erinnerte unsere Wirklichkeit. Wir können jetzt im Alltag aus dieser Wirklichkeit heraus leben.

Viktor Frankl schrieb einmal, dass er sich am Ende seines Lebens gerne an seine Wanderungen und seine Klettertouren erinnerte. Das waren für ihn wichtige Erfahrungen. Er weiß, dass er im Alter diese Wanderungen nicht mehr unternehmen kann. Doch er tröstet sich mit dem Dichterwort: »Was du erlebt, kann keine Macht der Welt dir rauben.« Selbst würde er lieber sagen, er hätte seine Erlebnisse ins Vergangensein gerettet: »Das Vergangen-sein ist *auch* eine Weise des Seins, vielleicht sogar die sicherste, denn nichts und niemand kann es rückgängig machen, kann es ungeschehen machen, kann es aus der Welt schaffen – in seinem Vergangen-sein ist das Sein geborgen, ist es aufbewahrt und vor der Vergänglichkeit – bewahrt.« (Frankl 34)

Das ist ein schöner Gedanke. Wenn wir uns gerade leer fühlen und nicht wissen, wie unser Weg weitergehen soll, dann tut es gut, sich an die vergangenen Erfahrungen zu erinnern. Für den einen sind es unvergessliche Konzerte, für den anderen ist es eine schöne Wanderung, für einen Dritten die Erfahrung, dass etwas im Leben geglückt ist und sich zum Beispiel ein alter Konflikt auf einmal aufgelöst hat. Das, was war, ist nicht einfach vergangen. Es ist ein Sein, das mich jetzt noch prägt. Das, was wir erlebt haben, bleibt weiterhin in unserer Seele. Und wir können durch die Erinnerung das, was vergangen ist, wieder in unserem Inneren lebendig werden lassen.

Übungen für den Alltag

> Nimm Dir Zeit für Dich selbst. Suche einen schönen Ort, an dem Du gerne bist. Es kann die Terrasse Deines Hauses sein oder eine Bank, auf der Du mit Freunden gesessen hast. Oder es gibt eine schöne Stelle im Wald, in der Du Dich geborgen fühlst. Rufe Erinnerungen wach, in denen Du Liebe gespürt hast, in denen Du inspiriert warst, in denen Dir Gott besonders nahe war. Wenn Du Erinnerungen in Dir auftauchen lässt, welche Momente fallen Dir da ein, welche Menschen gehen da vor Deinem inneren Auge vorüber? Präge Dir alles ganz genau ein und verwahre diese Erin-

nerung im Album Deines Herzens. In schweren Stunden kannst Du dann ein Bild aus Deinem Herzensalbum hervorholen und es wieder anschauen. Es wird Dir guttun.

4. Menschen, als Rückversicherung

Der heilige Benedikt empfiehlt den Mönchen, in der Fastenzeit aufzuschreiben, welches geistliche Trainingsprogramm sie sich vorgenommen haben. Und sie sollen dieses Programm entweder dem Abt oder dem geistlichen Vater vorlegen. Das ist eine gute Methode. Denn wenn ich einem anderen Menschen vorlege, was ich mir vorgenommen habe, dann gibt das für mich einen kräftigen Impuls, mich wirklich daran zu halten. Vor dem eigenen Gewissen kann man vieles entschuldigen, wenn ich es nicht so genau nehme mit meinen Vorsätzen. Aber wenn ich es mit einem anderen Menschen ausmache, dann verpflichte ich mich auf andere Weise dazu. Und es wäre mir peinlich, dem anderen ständig erzählen zu müssen, dass ich mich nicht an das gehalten habe, was ich mir vorgenommen habe.

Ich kann meine Vorsätze bei einem geistlichen Begleiter lassen, beim Ehepartner oder bei einem Mitarbeiter. Gut wäre es, wenn ich sie jemanden wissen lasse, der täglich beobachtet, was ich tue. Wenn ich mir zum Beispiel vornehme, eine Woche lang einmal nicht über andere zu reden, dann mache ich das am besten mit einem Vertrauten bei der Arbeit aus, der täglich wahrnimmt, wie ich über andere Mitarbeiter spreche. Oder wenn ich mir vornehme, täglich pünktlich nach Hause zu kommen, dann lasse ich das meinen Ehepartner wissen und brauche automatisch nicht zu berichten, wie es mir mit meinen Vorsätzen gegangen ist. Vielmehr bitte ich den anderen, gleichsam als Trainer, mich daran zu erinnern, dass das ja zu meinem Trainingsprogramm gehört.

Ich erbitte vom anderen Rückmeldung, wenn ich gegen das verstoße, was ich mit ihm ausgemacht habe. Das hilft mir, bewusster einzuüben, was mir hilft, und achtsamer zu leben.

Übungen für den Alltag

> Wenn Du vom Kurs heimkommst, überlege Dir, was Du Dir als einen Programmpunkt vornimmst. Nimm Dir nicht zu viel vor. Ein Punkt, den Du die nächsten vier Wochen üben willst, genügt. Der Punkt muss konkret sein, zum Beispiel nicht über andere reden, pünktlich sein, am Morgen die Mitarbeiter freundlich begrüßen oder freundlich an den Mitarbeitern vorübergehen. Dann überlege Dir, wem Du Dein Übungsprogramm vorlegen möchtest. Dann gehe zu diesem Menschen und erzähle ihm, was Du vorhast. Und bitte ihn, er solle Dich die nächsten vier Wochen beobachten, ob Du das einhältst. Wenn nicht, dann soll er Dich daran erinnern. Du nimmst ihn gleichsam als Trainer, der Dich an Deine Übungen erinnert. Danke ihm für diesen Dienst. Nach vier Wochen kannst Du dann mit ihm besprechen, wie es gegangen ist und ob sich durch die Übung etwas in Dir verwandelt hat.

5. Ehepartner

Trost

So komme, was da kommen mag!
Solang du lebest, ist es Tag.
Und geht es in die Welt hinaus,
Wo du mir bist, bin ich zu Haus.
Ich seh dein liebes Angesicht,
Ich sehe die Schatten der Zukunft nicht.

THEODOR STORM

Der Ehepartner ist nicht nur eine Hilfe, meine Vorsätze auszuführen, die ich ihm vorgelegt habe. Er ist auch sonst ein guter Trainingspartner, der mich zwingt, achtsam zu sein und ganz im Augenblick zu leben. Ich merke an den Reaktionen des Ehepartners, wenn ich nicht im Augenblick bin, wenn ich nicht gut zuhöre, wenn ich unzuverlässig bin, wenn ich ihn durch unbedachte Worte verletze.

Je näher wir uns sind, desto eher spüren wir unsere Grenzen, Schwächen und Fehler. Manche Ehepartner werfen sich ihre gegenseitigen Schwächen vor. Dann gibt es einen Dauerkrieg. Doch das hilft nicht weiter. Es geht darum, den anderen liebevoll daran zu erinnern, was beide gemeinsam eigentlich leben möchten: achtsam und liebevoll miteinander umzugehen, auf den anderen zu hören, sich auf den anderen einzulassen. In diesem Miteinander lernen wir uns gegenseitig genau kennen. Wir decken uns unsere Fehler gegenseitig auf, nicht als Vorwurf, sondern als Hilfe, um daran zu arbeiten. Und wir werden dabei demütig. Wir spüren, dass wir uns gegenseitig nichts vormachen können. Der andere kennt uns durch und durch. So hören wir auf, dem anderen etwas vorzuspielen.

Je mehr wir uns gegenseitig kennen, desto stärker kann die Liebe wachsen. Denn ich liebe dann nicht mehr das Idealbild, das ich mir vom anderen gemacht habe, sondern ihn als diese einmalige Person mit all ihren Stärken und Schwächen. Die ehrliche Selbsterkenntnis vertieft die Liebe. Sie befreit sie von dem Druck, dem anderen imponieren zu müssen.

Viele Probleme in der Partnerschaft entstehen dadurch, dass wir den Partner ständig ändern wollen. Wir machen unser Wohlbefinden abhängig von den Gefühlen und Handlungen des anderen. Auf diesem Weg sind wir ständig frustriert. Der andere kann unsere Erwartungen gar nicht erfüllen. David Schnarch hat vier Grundhaltungen beschrieben, die für die seelische Balance in der Partnerschaft hilfreich sind. Diese Grundhaltungen schützen uns davor, in eine innere Abhängigkeit zu geraten, die oft genug das Wachstum in der Partnerschaft erschwert. Diese Grundhaltungen sind:

1. *Ein stabiles und zugleich flexibles Selbst.* Ich brauche Klarheit darüber, wer ich bin und was ich will und welche Ziele ich habe. Das ist vor allem dann notwendig, wenn der Partner versucht, mich seinen Vorstellungen anzupassen.

2. *Ein stiller Geist und ein ruhiges Herz.* Die innere Ruhe ist die Bedingung für die Fähigkeit, mich selbst zu beruhigen, die eigenen

Ängste zu verringern und heilsam auf die eigenen Verletzungen einzuwirken.

3. *Ein maßvolles Reagieren.* Ich soll die Fähigkeit lernen, ruhig zu reagieren, anstatt zu überreagieren, wenn der Partner aufgebracht ist oder in Angst verfällt. Die ruhige Reaktion ist heilsamer, als auf Distanz zu gehen oder vor dem anderen davonzulaufen.

4. *Die sinnvolle Beharrlichkeit.* Sie besteht in der Fähigkeit, die eigenen Bemühungen zu intensivieren und sich mit den Problemen auseinanderzusetzen, die einen verwirren möchten. Und sie ist in der Lage, Unbehagen um des Wachstums willen zu ertragen.

Übungen für den Alltag

> Triff Dich regelmäßig mit Deinem Ehepartner und sprich über diese vier Grundhaltungen. Inwieweit verwirklichst Du diese Haltungen und wie ergeht es Deinem Partner/Deiner Partnerin damit? Wie könnt Ihr diese vier Grundhaltungen einüben? Was könnte Euch dabei helfen? Und fragt Euch immer wieder, ob sich schon etwas verwandelt hat in Euren Haltungen. Schreib Dir die wichtigsten Erkenntnisse in ein Entwicklungstagebuch. Nach einem halben Jahr oder nach einem Jahr wirst Du dann die Spur eines Entwicklungsweges erkennen.

6. Geistlicher Begleiter

Man kann einen Menschen nichts lehren.
Man kann ihm nur helfen, es in sich selbst zu entdecken.

GALILEO GALILEI

Es ist gut, von Zeit zu Zeit mit einem geistlichen Begleiter seinen inneren und äußeren Weg zu besprechen. In der geistlichen Begleitung prüfen wir nicht nur unsere Vorsätze. Vielmehr geht es darum, mit dem geistlichen Begleiter das eigene Leben anzuschauen. Stimmt es für mich? Oder lebe ich an mir vorbei? Wie geht es mir mit meinem Glauben? Ist er eine Hilfe, mein Leben bewusster und achtsamer zu leben? Ist er für mich eine Quelle, aus der ich schöpfen kann? Es kommt zur Sprache, ob ich an mir vorbeilebe, wo ich ein falsches Selbstbild oder Gottesbild habe. Und wir können an diesem Selbstbild und Gottesbild arbeiten. Aus jedem ehrlichen Gespräch gehe ich verwandelt hervor. Die Begegnung verwandelt mich.

Dem geistlichen Begleiter kann ich alles erzählen, was mich gerade bewegt. Und ich spreche mit ihm über meine innere Entwicklung. An welcher Stelle bewegt sich etwas? Wo bleibe ich stehen? Und dann kann ich konkret mit ihm besprechen, was ich tatsächlich tun kann, damit sich in mir etwas wandelt und ich auf meinem inneren Weg weiterkomme. Allein die Vorstellung, dass ich nächste Woche wieder ein Gespräch mit dem geistlichen Begleiter habe, zwingt mich, mein Leben genauer anzuschauen und darüber zu reflektieren: Was möchte ich dem geistlichen Begleiter sagen? In welchen Beziehungen mit meinen Mitmenschen sehne ich mich nach Verwandlung? Was kann mir helfen? Dabei geht es nicht nur um äußere Vorsätze, sondern oft genug um innere Haltungen. Denn die eigentliche Verwandlung geschieht in meinem Herzen. Darin haben sich oft Lebensmuster festgesetzt, die mich daran hindern, immer mehr der Mensch zu werden, der ich eigentlich bin. In der geistlichen Begleitung möchte ich erkennen, wo ich mich selbst unter Druck setze, welche alten Lebensmuster sich in mein geistliches Leben einschleichen, wie sie mich hindern, so zu leben, wie ich gerne möchte. Manchmal werde ich im Gespräch auf das eine oder andere »verletzte Kind« in mir stoßen, das sich in mir zu Wort meldet und mich die Worte der anderen falsch auslegen lässt. In der geistlichen Begleitung darf das verletzte Kind – das übersehene Kind, das zu kurz gekommene Kind, das nicht genügende Kind – wahrgenommen und umarmt werden. So verwandelt, kann ich mich von ihm zum göttlichen Kind führen lassen.

Auch die eigenen Träume sind ein guter Wegweiser für das Gespräch mit dem geistlichen Begleiter. Nicht jeder erinnert sich an seine Träume. Aber wenn wir offen sind, decken uns die Träume, die uns in der letzten Zeit bewegt haben, auf, was in uns ist und was uns umtreibt. Und sie zeigen uns oft wichtige Schritte an, die wir gehen dürfen. Der eine hat mehr Zugang zu den Träumen, der andere spricht mehr über seine Gefühle und inneren Impulse oder über die Botschaft, die sein Körper ihm gibt. Auf jeden Fall darf alles, was etwas über uns aussagt, in das Gespräch mit dem geistlichen Begleiter eingebracht werden.

Eine geistliche Begleitung hilft mir, das eigene Leben besser zu verstehen. Nicht der geistliche Begleiter zeigt mir den Schlüssel. Im besten Fall werde ich in den Gesprächen erkennen, dass ich selbst der Schlüssel bin. Wir suchen den Schlüssel zum gelingenden Leben oft außerhalb. Doch der Schlüssel, der mir die Tür zu einem gelingenden Leben öffnet, das dem Willen Gottes entspricht, ist in meinem eigenen Wesen verborgen. Die Erlösung, die Christus für uns alle gewirkt hat, geschieht in uns selbst. An unserem Selbst erkennen wir, was erlöst, befreit, geheilt werden darf. Mein Leben zeigt mir die Fesseln an, von denen ich gerne frei werden möchte. Wenn ich etwa meine Familie mit ihren Grundsätzen und oft genug engen Gesetzen anschaue, dann entdecke ich in mir oft innere Gesetze, die mich nicht leben lassen. Ich erkenne also in mir, wovon ich erlöst werden möchte. Aber die Erlösung durch Jesus Christus erinnert mich auch an die heilenden Kräfte in mir selbst. Im Blick auf Christus entdecke ich die Gaben, die mir Gott geschenkt hat: Kraft, Klarheit, Kreativität, die Fähigkeit, mich mit meinen Verletzungen auszusöhnen, und die Hoffnung, dass die Wunden in Perlen verwandelt werden. Ich entdecke genügend Türöffner zu einem guten Leben in mir selbst.

Die geistliche Übung der Meditation bedeutet, mich vor Gott selbst anzuschauen und in mich hineinzuhorchen. Auf dem Grund meiner Seele finde ich den Schlüssel. Dort sind die heilenden Kräfte verborgen und ich entdecke dort einen Raum der Freiheit, einen heilen Raum von Geborgenheit und Heimat und einen Raum frei von Schuldgefühlen. Die transpersonale Psychologie hat erkannt, dass viele Menschen die Lösung ihrer Probleme, also die Erlösung, von außen erwarten, sprich von anderen Menschen, von Methoden oder von Medikamenten. Die Lösung, die Erlösung, ist jedoch in uns. James Bugental meint, erst wenn wir die innere Heimat in uns gefunden haben, können wir Heilung und Erlösung erleben. Er schreibt: »Meine eigene Erfahrung und die Erfahrung derer, die ich als Therapeut begleite, überzeugt mich davon, dass ein großer Teil unserer Sorgen und Nöte darauf zurückzuführen ist, dass wir als Verbannte leben, verbannt aus unserer Heimat, der inneren Welt unserer subjektiven Erfahrung. Unsere Heimat liegt innen, und dort sind wir souverän. Solange wir diese uralte Wahrheit nicht neu entdecken, und zwar jeder für sich und auf seine Weise, sind wir dazu verdammt, umherzuirren und dort Trost zu suchen, wo es keinen gibt – in der Außenwelt.« (Bugental, Stufen therapeutischer Entwicklung 216f) In der inneren Heimat, an dem Ort, in dem Gott selbst in uns wohnt, sind wir von Anfang an heil und ganz, dort sind wir schon erlöst und befreit.

Übungen für den Alltag

> Setze Dich still auf einen Stuhl oder eine Bank. Schließe Deine Augen und schau in Dich hinein. Gehe durch die Gefühle und Gedanken, die jetzt in Dir auftauchen, hindurch in den Grund Deiner Seele. Stelle Dir vor, dass dort auf dem Grund Deiner Seele alles ist, was Du brauchst, dass dort der Schlüssel zum wahren Leben ist. Denn im Grund Deiner Seele ist Gott, der Dich befreit zu Deinem wahren Selbst. Auf dem Seelengrund ist eine Quelle von Liebe, aus der Du immer schöpfen kannst. Da ist eine Quelle von Freude, die Dein Herz weitet. Und da ist ein innerer Friede, der Dir guttut und es Dir ermöglicht, im Einklang mit Dir selbst zu leben.

> Wenn Du noch keinen geistlichen Begleiter hast, mache Dich aktiv auf die Suche nach einem erfahrenen Menschen, der Dich begleiten kann. Bevor Du Dich auf die Suche machst, kannst Du Gott darum bitten, den richtigen Menschen zu finden. Wenn Du

einen Begleiter gefunden hast, dann mache mit ihm feste Zeitpunkte aus, wann ihr Euch trefft zum Gespräch, und vermerk sie im Terminkalender. Alle zwei Monate, einmal im Vierteljahr, ... Ist ein Treffen nicht möglich, so kann man ein geistliches Gespräch durchaus auch am Telefon führen oder über Skype. Lass das Gespräch nicht ausfallen.

7. Bücher

Bücher

Alle Bücher dieser Welt
Bringen dir kein Glück.
Doch sie weisen dich geheim
in dich selbst zurück.

Dort ist alles, was du brauchst,
Sonne, Stern und Mond.
Denn das Licht, danach du frugst,
In dir selbst wohnt.

Weisheit, die du lang gesucht
In den Bücherein.
Leuchtet jetzt aus jedem Blatt –
Denn nun ist sie dein.

HERMANN HESSE

Bücher können eine gute Hilfe sein, den Schlüssel zu finden, der mir die Tür zum gelingenden Leben aufschließt. Sie haben die Möglichkeit, mir zu helfen, mich selbst besser zu verstehen. Und oft genug zeigen sie mir Wege auf, die ich gehen kann. Sie ermutigen mich, bewusster und achtsamer zu leben. Manche meinen, sie hätten schon so viele Bücher gelesen und könnten gar nicht im Alltag alles verwirklichen, was in den Büchern steht. Aber es geht nicht darum, die Bücher als Ratgeber zu benutzen, die mir genau sagen, wie ich leben soll. Das Buch hat die Aufgabe, mich mit der Weisheit meiner eigenen Seele in Berührung zu bringen. Wir nehmen uns selbst oft nur auf sehr reduzierte Weise wahr. Das Buch kann mir helfen, mit neuen Augen auf mich zu schauen und manches in mir zu entdecken, was mir bisher verborgen geblieben ist. Ziel ist es, mich zu fragen, welche Inhalte des Buches in mein Leben sprechen und was darin verwandelt werden möchte.

Wir dürfen uns in der Sehnsucht nach Verwandlung nicht unter Leistungsdruck stellen. Allein die Zeit, in der wir ein Buch lesen, tut uns gut. Wir tauchen im Lesen in eine andere Welt ein. Es ist nicht eine total fremde Welt, sondern es ist die oft noch unerkannte Welt in uns selbst. Wir lernen uns beim Lesen selbst kennen. Wir vertiefen uns in die Welt unserer Seele, die uns bisher noch verborgen war. Und das allein ist schon ein Schlüssel, der uns hilft, die Tür zum eigenen Inneren zu öffnen und dort im Innenraum der Seele den Reichtum zu entdecken, den Gott uns gegeben hat. So wie man eine schöne Musik mehrmals anhört, liest man manche Bücher noch einmal. Und jedes Mal entdeckt man beim Lesen neue Bereiche in sich selbst. Wir erleben uns dann auf neue Weise.

Übungen für den Alltag

> Überlege Dir, was Deine drei Lieblingsbücher sind. Dann nimm diese drei Bücher mit in den Urlaub oder widme Dich in der Adventszeit oder Fastenzeit diesen drei Büchern. Lies darin und streiche Dir an, was Dich heute berührt. Du kannst auch einzelne Sätze herausschreiben und aufbewahren. Wenn Du das jedes Jahr erneuerst, wirst Du sehen, dass Dich immer wieder andere Sätze ansprechen, weil Du heute in einer anderen Situation bist. Und Du wirst erkennen, was Dich in diesen Büchern anspricht. Manches hat Dich angesprochen, ohne dass Du Dich erinnern konntest. Aber jetzt, da Du es neu liest, spürst Du: Genau dieses Wort berührt mich jetzt. Es entspricht meinem inneren Wissen und Ahnen. Und Du wirst erkennen, was Deine eigentlichen Lebensthemen sind und wie sie sich mit der Zeit noch klarer darstellen und vielleicht auch wandeln.

> Wenn Du eine Zeit durchlebst, die sehr stressig und mit Arbeit übervoll ist, dann gerade ist es wichtig, dass Deine Seele Nahrung erhält und auftanken kann. In Büchern, die Dein Inneres ansprechen, begegnest Du einem Menschen mit einem Geist, der Deinem eigenen Geist entspricht. Indem Du seine Gedanken liest, erkennst Du Deine eigenen Gedanken wieder. Du hast das Gefühl: Das hätte ich selbst schreiben können. Dann erkennt sich Dein eigener Geist im Geist des Autors wieder. Deshalb beleben Dich die Worte. Denn sie bringen Dich in Berührung mit dem Leben, das schon in Dir ist, das aber oft verschüttet ist unter den vielen Sorgen und Überlegungen des Alltags.

> Wenn Du glaubst, dass Du keine Zeit hast zum Lesen, wähle ein Buch mit kurzen Texten und übe Dich darin, täglich wenigstens zehn Minuten zu lesen. Du kannst einen guten Text auch laut lesen, ihn Dir selbst oder einem geliebten Menschen vorlesen. So entfaltet er noch einmal anders seine Kraft. Dann schlage das Buch zu und sprich Dir ein inneres Lob aus. Du hast Deine Seele zehn Minuten in Schutz genommen und ihr etwas Gutes getan.

IV.
SIEBEN SCHRITTE ZU EINEM ACHTSAMEN LEBEN

Es gibt nichts Gutes, außer man tut es.

ERICH KÄSTNER

Wir haben zu den einzelnen Punkten in den vorausgehenden Kapiteln immer schon Übungen vorgeschlagen. In diesem Kapitel wollen wir sieben Schritte zu einem achtsamen Leben zusammenfassen. Es sind kleine Übungen oder Rituale, die zu einem Schlüssel werden können, der uns die Tür zu einem achtsameren Leben öffnet. Übungen erzwingen nichts. Aber Übungen verändern etwas in uns. Die Voraussetzung dafür ist Durchhaltevermögen. So wie der Sportler immer wieder das Gleiche trainiert, so geht es auch im geistlichen Leben um ein ständiges Üben. Wir können uns nicht einfach nur mit dem Willen ändern. Aber wir brauchen unseren Willen, um beim Übungsprogramm durchzuhalten. Dann dürfen wir hoffen, dass die Übungen uns mehr und mehr verwandeln.

Ziel der Übungen und Rituale ist nicht eine Leistung, die wir vollbringen müssten. Wenn wir wach in uns hineinhorchen, erkennen wir, welche Rituale uns innerlich berühren. Dort, wo innerliche Resonanz während eines Rituals entsteht, rührt es an ein wichtiges Lebensthema. So erkenne ich, was meine Seele im Tiefsten bewegt und ich erfahre meine tiefen Bedürfnisse. Jeder von uns hat spirituelle

Bedürfnisse, die durch ein Ritual angesprochen und manchmal auch erfüllt werden, zum Beispiel das Bedürfnis, geschützt und behütet zu sein, das Bedürfnis, angenommen und geliebt zu sein, das Bedürfnis, gesegnet zu sein und von Gottes Segen umarmt zu werden, das Bedürfnis, etwas loszulassen, um ganz bei sich selbst zu sein, oder das Bedürfnis, Altes begraben zu können, um neu anzufangen.

Beim Lesen der Übungen und Rituale ist es also wichtig, zuerst auf die eigene Resonanz zu hören. Welches geistliche Grundthema wird da in dem jeweiligen Ritual in mir angesprochen? Und wie könnte mir das Ritual helfen, dieses Grundthema noch besser zu verstehen und so zu bearbeiten, dass da in der Tiefe meiner Seele sich etwas wandelt, dass ich noch mehr in Berührung komme mit meinem wahren Selbst und mit dem ursprünglichen Bild Gottes in mir.

1. Segensritual am Morgen

Wie wir den Tag erleben, hängt von den Bildern ab, mit denen wir in den Tag und zur Arbeit gehen. Wenn ich mir beim Aufwachen schon Sorgen wegen einer schwierigen Besprechung mache, dann werde ich verspannt in den Tag gehen. Oder wenn ich mir vorstelle, dass heute der unzufriedene Kunde kommt, der ständig herumschreit, dann gehe ich bedrückt in den Tag. Wenn ich morgens schon daran denke, ob der Chef heute gut gelaunt ist, dann setze ich mich seiner Willkür aus. Ich lebe dann nicht meinen Tag, den Gott mir geschenkt hat, sondern ich mache mich abhängig von der Laune meines Chefs.

Ein schönes Ritual, das uns zumindest hilft, die erste Stunde des Tages anders zu erleben, ist das Segensritual. Wir können es gleich nach dem Aufstehen im Bad machen. Dazu brauchen wir vielleicht zwei Minuten.

Ich stelle mich aufrecht hin und erhebe meine Hände zur Segensgebärde. Ich stelle mir vor, wie der Segen Gottes durch meine Hände zu den Mitgliedern meiner Familie strömt, zum Ehepartner, zu den Kindern, den Eltern. Gottes Segen möge sich um sie legen wie ein schützender Mantel. Das Segensritual verbindet mich mit den Mitgliedern meiner Familie. Zugleich kann ich sie auch loslassen, weil ich sie von Gottes Segen eingehüllt weiß. Dann kann ich den Segen Gottes in die Räume meiner Wohnung strömen lassen, in das Wohnzimmer, damit unser Miteinander gesegnet ist, in das Schlafzimmer, dass mein

Schlaf gesegnet ist, in die Küche, dass alles, was bereitet wird, Segen bringt für die Familie. Ich werde meine Wohnung anders erleben: Ich lebe dann nicht in Räumen, die von Konflikten erfüllt sind, sondern in gesegneten Räumen, in denen der Segen Gottes stärker ist als alle Spannungen, die zwischen uns entstehen.

Danach kann ich den Segen zu den Menschen strömen lassen, mit denen ich arbeite oder für die ich arbeite. Ich kann mir einzelne Menschen vorstellen, zu denen der Segen Gottes fließt. Ich werde diesen Menschen anders begegnen, wenn ich sie heute treffe. Es sind dann nicht mehr die Menschen, von denen ich enttäuscht bin oder die ich genau kenne und denen ich deshalb nichts mehr zutraue. Es sind gesegnete Menschen, in denen Gottes Segen Neues in ihnen aufblühen lässt. Ich lasse dann den Segen in die Räume strömen, in denen ich arbeite. Dann werde ich morgens mit einem positiven Gefühl in mein Büro oder in die Werkstatt gehen. Der Raum ist schon von einer guten Energie, vom Segen Gottes, erfüllt. Ich habe keine Garantie, dass der Segen Gottes den ganzen Tag verwandelt. Aber zumindest die erste Stunde werde ich anders erleben. Und wenn ich das Ritual immer wiederhole, dann darf ich vertrauen, dass der Segen Gottes immer mehr Stunden des Tages prägt und mich immer länger den Menschen auf neue Weise begegnen lässt und ich sie als gesegnete Menschen wahrnehme, denen ich deshalb neue Möglichkeiten zutraue.

Jesus fordert uns auf: »Segnet die, die euch verfluchen.« (Lk 6,28) Viele denken, das sei eine Überforderung. Bei einem Kurs machten wir die folgende Übung: Man sollte sich einen Menschen aussuchen, der einen verletzt hat. Und den sollte man dann zehn Minuten lang segnen, und zwar in der Segensgebärde: stehend mit erhobenen Händen, in der Vorstellung, dass der Segen durch meine Hände zum anderen strömt. Eine Frau rebellierte, das könne sie nicht, der Mann hätte sie so tief verletzt. Ich antwortete ihr, sie müsse es gar nicht können. Sie sollte es einfach mal probieren. Dann erzählte sie: »Es war wunderbar für mich. Der Segen war für mich wie ein Schutzschild, der mich vor weiteren Verletzungen des anderen schützt. Und ich bin ausgestiegen aus der Opferrolle. Ich habe ihm eine aktive Energie zugeschickt. Das hat mich aufgerichtet und ihm gegenüber frei gemacht.« Wenn wir verletzt werden, fühlen wir uns oft als Opfer und wir bleiben lange in der Opferrolle. Wir kreisen in Gedanken ständig darum, wie gemein der andere war. Dann geben wir ihm Macht über uns. Er bestimmt unsere Stimmung. Wenn wir ihn segnen, richten wir uns auf und werden aktiv. Das tut uns gut. Und wir können dann dem Menschen, den wir gesegnet haben, anders begegnen. Wir überlegen nicht mehr, wie wir ihn meiden könnten oder ob wir ein grimmiges Gesicht aufsetzen sollten. Wir sind frei. Wir begegnen in ihm nicht nur dem, der uns verletzt hat, sondern dem, den wir gesegnet haben. Das verwandelt die Begegnung. Es fällt uns viel leichter, dem anderen zu begegnen. Und oft dürfen wir erleben, dass sich im anderen etwas verwandelt hat. Er begegnet uns freundlicher. Und die Verletzung vom Vortag ist wie ausgelöscht.

Übungen für den Alltag

> Wenn Du kleine Kinder hast, kannst Du gemeinsam mit ihnen ein Segensritual am Morgen machen. Kinder sind offen für Rituale. Rituale geben den Kindern das Gefühl, dass sie geschützt und gesegnet sind. Sie nehmen den Kindern die Angst vor dem Tag. Und Kinder haben das Bedürfnis, dass sie gesehen werden, dass sie gesegnet und behütet werden, dass sie mit Vertrauen in den Tag gehen können. Segen bedeutet auch: gute Worte sagen. Kinder brauchen am Morgen gute Worte. Wenn sie mit Fluchworten in den Tag gehen wie: »Mach endlich schneller. Du bringst immer

die ganze Familie durcheinander«, dann verschließen sie ihr Herz allen Worten, die ihnen heute gesagt werden. Überlege daher mit Deinen Kindern, welche Morgenrituale Du mit ihnen einübst. Du kannst ihnen, bevor Du selbst in die Arbeit gehst, die Hand auf den Kopf legen und ein Kreuz mit dem Daumen auf die Stirn zeichnen und gute Worte dazu sagen: »Gott schütze und segne Dich heute.« Dann werden Dir die Kinder es nicht übel nehmen, wenn Du zur Arbeit weggehst. Sie freuen sich täglich auf den Augenblick, da Du ihnen Deine warme Hand auflegst und sie Deinen Segen spüren. Du kannst das Segensritual mit Deinen Kindern auch im Wechsel machen. Bitte Deine Kinder, dass auch sie Dich segnen. Das schafft eine wunderbare Verbindung und die Kinder lernen früh, gute Worte zu sagen.

> Wenn Du eine Zeitlang innerlich mit einem Menschen gehst, ob Du ihn liebst oder ob Du es im Moment schwer hast mit ihm (manchmal auch beides gleichzeitig), dann mach Dir eine kurze Notiz in Deinem Smartphone. Manchmal wechseln die Personen, oder es kommen neue dazu. So erkennst Du vielleicht nach einer gewissen Zeit ein Netz; ein Segensnetz oder auch Schmerzensnetz oder ein Netz an Themen, das Dich mit diesen Menschen verbindet. Nach einem halben Jahr oder einem Jahr geh mit diesem Netz des Segens oder Schmerzens an einen guten Ort, in eine Kirche oder an einen Platz in der Natur, vergegenwärtige Dir alle diese Menschen und übergib alles der göttlichen Liebe oder der göttlichen Kraft, zu der Du im Moment Zugang hast. Dann lösche die Namen und stell Dir vor, dass Gottes Segen alles schützt, alles heilt und wandelt.

2. Ritual zu Beginn der Arbeit

Was immer du tun kannst oder träumst zu können, fang damit an!
Mut hat Genie, Kraft und Zauber in sich.

JOHANN WOLFGANG VON GOETHE

Manche stürmen morgens ins Büro und fangen gleich voller Hektik an zu arbeiten. Andere legen erst den Mantel ab, aber wissen nicht, wo sie anfangen sollen. Sie schauen auf den Schreibtisch und kramen herum. Aber sie sind unschlüssig, was sie zuerst anpacken dürfen. Jeder hat seinen Stil, wie er die Arbeit beginnt. Ein gutes Ritual wäre, kurz innezuhalten und die Arbeit zu segnen, die mich heute erwartet. Ich bitte um Segen, dass Gott alles, was ich heute in die Hand nehme, segnen möge und dass von meinen Händen Segen ausgehen möge für mich und für die Menschen, für die und mit denen ich arbeite. Und dann gehe ich an meinen Schreibtisch und fange an, eins nach dem anderen in die Hand zu nehmen und zu erledigen.

Es gibt Menschen, die viel arbeiten, ohne große Ergebnisse. Sie arbeiten nur aus eigener Kraft und häufig setzen sie sich unter Druck. Sie meinen, sie müssten alles selbst erledigen. Doch es geht kein Segen von ihnen aus. Die Mitarbeiter spüren, dass da zwar viel los ist, viel Hektik und Unruhe, aber das Ergebnis ist eher mager.

Anders ist es, wenn ich meine Arbeit heute segne. Der Segen über unsere Arbeit lässt uns gelassener und mit mehr Ruhe und Frieden an die Arbeit gehen. Das wird sich auch positiv auf die Mitarbeiter auswirken. Der Segen für meine Arbeit befreit mich von dem Druck, dass ich heute alles perfekt machen muss. Er nimmt mir die Angst, ob ich heute fertig werde. Ich segne meine Arbeit, damit Gott seinen Segen über alles ausgießen möge, was ich heute in die Hand nehme, was ich tue, spreche und denke. Das entlastet mich und schenkt mir innere Ruhe. In dieser Ruhe kann ich dann meine Arbeit beginnen. Ich werde eins nach dem anderen erledigen. Der Segen Gottes gibt mir die Kraft, das Unangenehme anzupacken und zu lösen. Ich habe das Gefühl, dass ich nicht alles selbst erledigen muss, sondern dass Gottes Segen mich begleitet. Das ermutigt mich, auch schwere Probleme anzugehen. Ich bin nicht allein bei schwierigen Gesprächen und bei der Lösung komplizierter Fragen. Ich vertraue darauf, dass Gottes Segen mich umgibt. Das schenkt mir Gelassenheit und innere Freiheit.

Übungen für den Alltag

> Überlege Dir ein gutes Ritual für Dich, um Deine Arbeit zu beginnen. Du kannst, bevor Du Dich an den Schreibtisch setzt, kurz innehalten und Gott um seinen Segen bitten. Dann überlege kurz, was Du zuerst erledigen möchtest und wie Du die Arbeit heute Vormittag strukturieren möchtest. Und dann fange einfach an. Es wird Dir gut von der Hand gehen.

> Ein anderes Ritual wäre, die Mitarbeiter, die Du zuerst antriffst, wenn Du in die Firma gehst, freundlich zu grüßen und ihnen einen guten oder gesegneten Tag zu wünschen. Der freundliche

Blick auf Deine Mitarbeiter tut Dir auch selbst gut. Du gehst mit neuem Schwung an die Arbeit und fühlst Dich verbunden mit allen, die im gleichen Haus arbeiten.

3. Langsam gehen

In der Arbeit gibt es immer wieder Wege, die ich zu gehen habe. Ich gehe zur Toilette. Ich gehe in ein anderes Büro. Ich gehe zur Sitzung. Oder ich habe Gänge nach außen zu erledigen. Ich kann möglichst schnell meinen Weg gehen. Oder aber ich gehe bewusst langsam. Ich kann zur Toilette eilen und alles möglichst schnell erledigen. Oder ich kann mir für diesen kurzen Weg Zeit lassen. Ich gehe bewusst langsam. Das langsame Gehen entschleunigt mich mitten in einem Klima der immer größeren Beschleunigung. Meine Arbeit kann ich nicht langsam machen. Sie soll auch fließen. Aber indem ich die Wege, die ich sowieso mache, bewusst langsam gehe, kommt Ruhe in mich hinein. Ich komme mit mir in Berührung. Ich habe das Gefühl: Ich gehe jetzt, Schritt für Schritt. Ich komme zu mir selbst und spüre mich wieder. Das hilft mir, jetzt einige Augenblicke aus dem Hamsterrad auszusteigen und es mir zu gönnen, diesen Weg zu genießen.

Ich werde nicht viel länger brauchen, als wenn ich den ganzen Weg über hetze. Aber wenn ich hetze, komme ich gehetzt bei der Besprechung an. Und Hetzen – so weiß die deutsche Sprache – kommt von Hassen. Wenn ich voller Hass in die Sitzung komme, wird von mir sicher kein Segen ausgehen. Ich werde die Hetze mit in die Sitzung bringen. Die anderen Teilnehmer spüren automatisch etwas von meiner Unruhe – und vielleicht sogar von meinem Hass.

Das tut ihnen nicht gut. Wenn ich langsam in die Sitzung komme, dann geht von mir Gelassenheit aus. Ich freue mich auf die Sitzung. Ich lasse mich beim langsamen Gehen bewusst auf die Menschen ein, die ich jetzt bei der Sitzung antreffe. So entsteht eine entspannte Atmosphäre, die mir und allen Teilnehmern guttut.

Wenn ich langsam gehe, habe ich in diesem Augenblick das Gefühl: Ich habe alle Zeit der Welt. Ich lasse mir Zeit. Ich fühle mich frei. Ich gehe jetzt. Und ich genieße diese kleine Pause, in der ich nicht effektiv arbeiten muss. Ich kann das Gehen so bewusst gestalten, dass ich mit jedem Schritt etwas loslasse, dass ich mich freigehe von den Problemen, die mich in den letzten Stunden beschäftigt haben. So haben die frühen Mönche das Gehen verstanden: als »sich freigehen« von alten Belastungen und Sorgen. Und sie haben das Gehen noch auf andere Weise gedeutet. Wenn ich langsam gehe, dann lasse ich alle Bilder los, die andere mir übergestülpt haben, ich lasse die Erwartungen los, die auf mich einstürmen. Ich gehe in meine eigene Gestalt und in mein Wesen hinein. Ich komme mit mir in Berührung, ich komme in meine Mitte. Ich gehe, anstatt mich treiben zu lassen. Ich arbeite, anstatt mich von der Arbeit erdrücken zu lassen.

Mein sind die Jahre nicht,
die mir die Zeit genommen;
Mein sind die Jahre nicht,
die etwa möchten kommen;

Der Augenblick ist mein,
und nehm ich den in acht,
so ist der mein, der Jahr und
Ewigkeit gemacht.

ANDREAS GRYPHIUS

Übungen für den Alltag

> Du kannst Dir nicht vornehmen, immer langsam zu gehen. Aber nimm Dir als konkrete Übung für jeden Tag vor, dass Du langsam zur Toilette gehst. Lasse Dir bewusst Zeit. Du wirst sehen, wie gut es Dir tut, jeden Tag zumindest einen kurzen Weg zu haben, den Du langsam gehst, auf dem Du Dich bewusst spürst. Wenn Du nur den Toilettengang als Ritual des langsamen Gehens wählst, werden irgendwann von alleine Deine anderen Wege auch langsamer werden. Du wirst immer wieder heilsame Unterbrechungen jeden Tag haben, die Dich aus der Hektik losreißen und Dich mit Dir selbst in Berührung bringen.

> Wenn Dein Alltag stressig ist und Du spürst, dass Dein Tun hektisch ist, dass Du schnell gehst oder rennst, obwohl Du es gar nicht willst, dann spürst Du vielleicht, dass etwas automatisch in Dir abläuft und Du fremdbestimmt bist. Nimm das als willkommenes Übungsfeld, wieder bei Dir anzukommen und selbst zu bestimmen, was Du tust. Entschleunige Deinen Gang und tu es bewusst. Diese kleine Geste kann ein Akt der Selbstbestimmung werden und eine wunderbare Übung, Dich als Herr oder Frau im eigenen Haus und Körper wiederzufinden.

4. Pausen machen

Pausen sind eine heilsame Unterbrechung. Wir haben anstrengend miteinander gearbeitet. Jetzt tut es gut, die Arbeit zu unterbrechen und sich eine Pause zu gönnen. Die körperlichen Kräfte können sich wieder regenerieren. Oder wir haben in der Besprechung schwierige Themen behandelt. Die Köpfe glühten. Eine Pause ermöglicht, einfach einmal nichts zu tun, an die frische Luft zu gehen, aufzuatmen, neues Leben in sich einzulassen. Wenn wir weiterdiskutiert hätten, hätten wir uns irgendwie in hitzigen Diskussionen verstrickt. Die Pause gibt uns die Möglichkeit, innezuhalten. Sie gibt uns Abstand zu den Diskussionen. Das ermöglicht es uns, mit einem neuen Blick in das Gespräch zurückzukehren.

Die Gehirnforschung hat festgestellt, dass Menschen, die Pausen machen, kreativer sind. Karlheinz A. Geißler, der bekannte Zeitforscher, schreibt dazu: »Das Gehirn braucht Pausen. Es benötigt sie unter anderem, um Unterschiede machen zu können, und es braucht kurze Pausen, um Inhalte des Kurzzeit- ins Langzeitgedächtnis zu überführen. Die Aufmerksamkeitsressourcen des Menschen sind begrenzt, ebenso seine Informationsverarbeitungskapazität.« (Geißler 93) »Ständiger, pausenloser Zeitdruck blockiert die kreative Leistungsfähigkeit und verhindert dadurch innovatives Denken und Handeln, weil gezwungenermaßen auf bereits erprobte, gewohnte Verhaltensweisen zurückgegriffen wird.« (Geißler 93f)

Eine Pause sollte zweckfrei sein. Viele nutzen die Mittagspause, um ihre Mails zu beantworten. Sie essen nebenbei ihr Brot. Doch so eine Pause regeneriert nicht. Nach einer solchen Pause habe ich keine neue Energie, um mich der normalen Arbeit zu überlassen. Zweckfreie Pausen, die ich so gestalte, wie es mir guttut, sind wichtig. Der eine setzt sich in die Kirche und genießt die Ruhe. Der andere legt sich zehn Minuten flach auf den Boden, um sich zu entspannen. Ein anderer geht an die frische Luft. Das Spazierengehen im Park ist für ihn die beste Weise, neue Kraft zu schöpfen. Wir sollten auf unsere Pausen achten. Sie bringen uns wieder mit uns in Berührung. Das gibt uns die Möglichkeit, wieder selbst die Arbeit anzupacken, anstatt uns von der Arbeit bestimmen zu lassen.

Eine Pause einzuräumen heißt auch: sich selbst etwas Gutes tun. Ich gönne mir die Pause, ich gönne mir, Zeit zu haben und einmal für einige Augenblicke nichts zu tun, meine Gedanken einfach schweifen zu lassen, mich zu entspannen, meinen Atem zu spüren. Allein sich zu erlauben, mitten in der Arbeit einmal bewusst und mit gutem Gewissen nichts zu tun, ist schon eine Wohltat für meine Seele und für meinen Leib. In der Pause kann ich sogar meine Müdigkeit genießen. Ich gähne bewusst und lasse meine Müdigkeit zu. Ich jammere nicht, dass ich müde bin, sondern ich erlebe in meiner Müdigkeit mich selbst. Die Müdigkeit gibt mir die Erlaubnis: Ich brauche jetzt nichts zu tun. Ich erhole mich. Ich hole mir das, was ich gerade brauche: ein paar Augenblicke nur für mich, die allein mir gehören. In der Müdigkeit spüre ich: Ich habe etwas getan für Gott und für die Menschen. Das ist ein gutes Gefühl.

Übungen für den Alltag

> Versuche in der Pause folgende Übung: Schließe die Augen, atme ruhig ein und aus und konzentriere Dich auf Dich selbst. Stell Dir vor, dass Du Dir jetzt in diesem Augenblick durch die bewussten Atemzüge etwas Gutes tust. Du bist bei Dir und versorgst Deinen Körper mit Sauerstoff und gönnst Dir eine kostbare Minute der Erholung. Das kostet nichts und ist doch sehr wertvoll.

> Eine andere Übung für eine Pause: Setze Dich bequem hin und stelle Dir vor: Jetzt muss ich gar nichts tun, nichts erledigen, keine Erwartungen erfüllen, mich nicht rechtfertigen für die Pause. Ich bin einfach nur da. Ich genieße das Faulsein und gönne es mir für diese fünfzehn Minuten. Danach stehe ich auf und packe die Arbeit wieder mit neuer Lust an.

5. Worte der Bibel wiederkäuen

Nicht nur vom Brot allein lebt der Mensch,
sondern von jedem Wort, das aus Gottes Mund hervorgeht.

MATTHÄUS 4,4; DEUTERONOMIUM 8,3

Die frühen Mönche kennen die Übung der »ruminatio«, des Wiederkäuens. Abbas Antonios vergleicht das Wiederkäuen des Wortes Gottes mit dem Wiederkäuen einer Kuh. Er meint, wenn wir eine Kuh beim Wiederkäuen beobachten, können wir feststellen, wie ihr Gesicht Zufriedenheit und Freude ausstrahlt. So sollte auch bei uns das Wiederkäuen des Wortes Gottes unseren Leib mit Freude und Gelassenheit erfüllen. Die Mönche haben sich einige Worte der Bibel ausgesucht, um sie gerade bei einfachen Tätigkeiten immer zu wiederholen. Die Worte prägen dann den Geist.

Im Westen war das Wort, das die Mönche sich immer wieder vorsagten, der Vers: »O Gott, komm mir zu Hilfe. Herr, eile mir zu helfen.« Cassian rät dazu, dieses Wort bei allem zu sprechen, was man gerade tut, ob es Arbeit ist oder Essen oder Spazierengehen. Und er schreibt diesem Wort eine heilsame Wirkung zu: »Dieses Erwägen im Herzen wird dir wie eine heilsmächtige Form sein und wird dich nicht nur unverletzt vor allem dämonischen Ansturm behüten, sondern dich auch von allen ansteckenden Lastern des Irdischen säubern und zu der unsichtbaren himmlischen Schau hinführen und dich auch zu der unsagbaren und nur von wenigen erfahrenen Glut des Gebetes hinreißen.« (Collatio 10,10) Mit diesem Vers beginnen die Mönche in Münsterschwarzach auch ihr Chorgebet. Das Chorgebet setzt fort, was sie während des Tages üben: immer in der Gegenwart Gottes zu leben. Der Vers zeigt ihnen, dass die Gegenwart Gottes eine heilende und helfende Gegenwart ist. Gott segnet alles, was sie in die Hand nehmen. Und so bekommt auch alles rein Weltliche und oft genug Banale eine andere Dimension. In allem vertrauen sie auf Gottes Hilfe. Wir sind bei keinem Werk, das wir anpacken, allein. Gott kommt uns zu Hilfe. Und mit seiner Hilfe wird gelingen, was wir uns vorgenommen haben.

Bei den Mönchen im Osten war das sogenannte Jesusgebet am beliebtesten: »Herr Jesus Christus, Sohn Gottes, erbarme dich meiner!« Die Abkürzung wäre: »Jesus, erbarme dich meiner!« Man kann es sich einfach vorsagen, wenn gerade eine Pause ist, zum Beispiel beim Warten an der Ampel. Oder man meditiert es bewusst. Dann wird es mit dem Atem verbunden. Beim Einatmen sagt man sich: »Herr Jesus Christus«. Die dazugehörige Vorstellung dabei ist, dass die Liebe Jesu in das Herz strömt und es wärmt. Und beim Ausatmen sagt man sich: »erbarme dich meiner!« und stellt sich vor, wie die Liebe in den ganzen Leib strömt. So verwandelt das Wiederkäuen dieses Wortes den ganzen Leib. Ich fühle mich bei mir daheim. Und ich spüre, wie mein Leib sich angenehm anfühlt. Denn er ist voll von Liebe und Barmherzigkeit. Der Ärger und die Bitterkeit werden durch dieses Wort allmählich verwandelt in einen angenehmen inneren Geschmack.

Die Übung des Wiederkäuens ist in der christlichen Tradition dann zum Stoßgebet geworden. Stoßgebete sind kurze Gebete, die man in bestimmten Situationen sagt. Vor der Sitzung sagt man zum Beispiel: »Herr, segne die Sitzung.« Oder vor einem Gespräch:

»Segne das Gespräch.« Andere fangen die Sitzung mit dem inneren stillen Wort an: »Im Namen Gottes!« Solche Stoßgebete verwandeln den Alltag. Sie werden verbunden mit den ganz alltäglichen Tätigkeiten. Ein junger Mann erzählte mir, wie sein Vater als Landwirt bei allen schwierigen Tätigkeiten immer gesagt hat: »In Gottes Namen.« Dann hat er sich voll Vertrauen an die schwere Aufgabe gewagt. Der Glaube hat dann wirklich den Alltag geprägt. Er war eine Hilfe, sich den Herausforderungen des Alltags zu stellen. Denn das Stoßgebet verbindet uns mit Gott, es bewirkt in uns Vertrauen und Zuversicht.

Übungen für den Alltag

> Welche Stoßgebete hast Du von Deinen Eltern oder Großeltern gehört? Welches möchtest Du übernehmen, um im gleichen Vertrauen wie Deine Eltern und Großeltern Deine Arbeit zu tun? Wenn Du Dich an keine Worte erinnern kannst, dann suche Dir entweder aus der Bibel oder aus der geistlichen Tradition – oder formuliere sie Dir selbst – Worte aus, die Du als Stoßgebet bei bestimmten Tätigkeiten, wie zu Beginn der Arbeit, vor einem schwierigen Telefongespräch, vor einer Sitzung, vor einem Kundengespräch sagen könntest. Übe eine Zeitlang mit diesem Wort und beobachte Dich dann, wie das Wort Deine Haltung verwandelt.

> Du kannst auch folgende Übung machen: Besorge Dir ein schönes Buch, in das Du Worte schreiben kannst, die Dich ansprechen. Wenn Du im Gottesdienst Bibelworte hörst oder wenn Dich bei Deiner persönlichen Bibellektüre Worte ansprechen, dann schreibe sie in dieses Buch hinein. Wenn Du das eine Zeitlang

machst, wirst Du in den Texten, die Du aufgeschrieben hast, Dein eigenes geistliches Lebensmotto entdecken. Es ist Dein eigenes Evangelium, die frohe Botschaft für Dein Leben. (Übung nach Sr. Johanna Domek)

6. Den inneren Raum spüren

Du brauchst Gott weder hier noch dort zu suchen:
Er ist nicht ferner als vor der Tür des Herzens.
Da steht er und harrt und wartet,
wen er bereitfinde, der ihm auftue und ihn einlasse.
Du brauchst ihn nicht von weither herbeizurufen:
Er kann es weniger erwarten als du,
dass du ihm auftust.
Es ist ein Zeitpunkt: das Auftun und das Eingehen.

MEISTER ECKART

In den Kursen in Münsterschwarzach sprechen wir immer von dem inneren Raum, zu dem der Lärm des Alltags keinen Zutritt hat, in dem wir frei sind von den Erwartungen und Ansprüchen der Menschen. Wir machen dann eine Übung, um den inneren Raum zu spüren. Wir stellen uns hin und kreuzen die Arme über der Brust. Wir umarmen uns mit den Gegensätzen, die in uns sind: »Ich umarme das Starke und Schwache in mir, das Gesunde und das Kranke, das Gelungene und das Misslungene, das Vertrauen und die Angst, den Glauben und den Unglauben.«

Wenn ich mich mit meinen Gegensätzen angenommen habe, kann ich die Gebärde der überkreuzten Arme auch als Schutz verstehen für den inneren Raum der Stille. Ich schütze diesen inneren

Raum der Stille, der unterhalb von allen Emotionen und Gedanken, unterhalb von allen Gegensätzen, unterhalb von allem Chaos in mir ist. Und in diesem Raum der Stille erlebe ich mich auf fünf verschiedene Weisen:

1. Ich bin frei von den Erwartungen und Meinungen der anderen Menschen.

2. Ich bin heil und ganz. Die verletzenden Worte treffen mich emotional immer noch. Doch in den inneren Raum können sie nicht eindringen. Dort kann ich Zuflucht nehmen, wenn ich mich verletzt oder kritisiert fühle.

3. In meinem inneren Raum bin ich ursprünglich und authentisch. Die Bilder, die andere mir übergestülpt haben, lösen sich auf. Auch meine mich entwertenden oder überschätzenden Selbstbilder lösen sich auf. Ich brauche mich nicht zu rechtfertigen oder zu beweisen. Ich bin einfach.

4. Dort bin ich rein und klar. In diesen inneren Raum haben die Selbstvorwürfe keinen Zutritt. Trotz aller Fehler, die ich gemacht habe, trotz aller Schuld, an der ich trage, ist dieser innere Raum ohne Schuld. Darin bin ich ganz ich selbst.

5. Dort, wo das Geheimnis Gottes in mir wohnt, kann ich bei mir daheim sein.

Viele sind von diesem Bild des inneren Raumes berührt. Aber sie sagen: Ich spüre den Raum nicht. Andere fragen: Ich möchte den Raum spüren, aber wie komme ich in diesen inneren Raum? Für uns gibt es drei Wege, diesen inneren Raum zu spüren. Der erste Weg ist die Meditation: Ich stelle mir vor, wie mich der Atem – vielleicht verbunden mit dem Jesusgebet – hineinführt in diesen inneren Raum auf dem Grund meiner Seele. Ich kann den Raum dann immer nur für einen kurzen Augenblick spüren. Aber dieser kurze Augenblick genügt, um mich daran glauben zu lassen, dass dieser Raum in mir ist. Der zweite Weg wäre, sich einmal in eine Kirche zu setzen und sich vorzustellen, dass man selbst Tempel Gottes ist. In mir ist dieser heilige Raum der Kirche, zu dem der Lärm der Welt keinen Zutritt hat. Der dritte Weg ist, sich mitten in der Arbeit, etwa in einer Sitzung, vorzustellen: Ich lasse mich auf die Sitzung, auf die Diskussion ein, aber es gibt in mir einen Raum, zu dem alle Probleme, die hier angesprochen werden, keinen Zutritt haben, in dem meine Kritiker mich nicht verletzen können. Pater Anselm hat dieser dritte Weg geholfen, als er 36 Jahre lang Cellerar war. Gerade wenn die Sitzungen hitzig wurden, hat er sich vorgestellt, dass da in ihm ein Raum der Stille ist, zu dem die Hitze des Gefechts keinen Zutritt hat. Und ihm hilft dieser Weg heute noch bei den vielen Seelsorgegesprächen, die er führt. Er lässt sich emotional ganz auf den Gesprächspartner ein. Aber er weiß, dass dieser innerste Raum der Stille geschützt bleibt. Da können die Sorgen und Verletzungen und Nöte des anderen nicht eindringen. So kann sich ein Seelsorger oder geistlicher Begleiter gut einlassen, aber zugleich kann er den anderen auch wieder loslassen.

Übungen für den Alltag

> Wenn Du einen Ort kennst, der Deiner Seele Frieden und Stille gibt – etwa die Krypta in der Abtei Münsterschwarzach oder ein anderer Kirchenraum, eine Kapelle, ein Kreuzgang –, dann spüre, wie Dein Atem ruhig fließt. Versetze Dich innerlich in diesen Raum. Nimm das Licht des Raumes wahr, höre auf den sanften

Klang der Stille, rieche den Duft und jetzt spüre das Gefühl der Ruhe und des inneren Friedens. Dieser innere Frieden ist an diesem Ort und er ist auch in Dir, im Grund Deiner Seele. Nimm diesen inneren Frieden mit in Dein nächstes Gespräch.

> Setze Dich still hin. Lass alle Gedanken und Gefühle hochkommen, die in Dir aufsteigen möchten. Doch dann stelle Dir vor: Unterhalb all dieser Gefühle, unterhalb von diesem inneren Chaos ist in mir ein Raum der Stille. Da bin ich ganz allein mit Gott. Es ist ein Raum voller Liebe und Frieden. Da bin ich eins mit mir und eins mit Gott. Auch wenn Du diesen Raum jetzt nicht spürst, stelle Dir trotzdem vor: Da ist etwas Unberührbares in mir, ein Raum voller Geheimnis. Dort bin ich bei mir daheim. Genieße diesen inneren Raum der Stille. Dort bist Du geschützt, geborgen, frei. Du bist einfach da. Und es ist gut so, wie Du bist.

7. Abendritual: alles Gott übergeben

Ich habe meine Seele still gemacht.
Wie ein Kind bei der Mutter, so wird meine Seele still in Dir.

PSALM 131,2

Viele kommen am Abend nicht zur Ruhe. Sie überlegen, was sie hätten anders machen sollen. Es gehen ihnen viele »Hätte ich doch ..., wäre ich doch ...« durch den Kopf. Wäre ich doch im Gespräch mit meiner Tochter, mit meinem Sohn, mit meinem Partner gelassener oder freundlicher oder liebevoller gewesen. Hätte ich doch die Entscheidung anders getroffen. Hätte ich doch dieses Wort nicht gesagt. Vor lauter »hätte« und »wäre« kommen sie nicht zur Ruhe.

Es ist eine gute Übung, am Abend die Hände in Form einer Schale vor sich hinzuhalten und den Tag Gott zu übergeben. Der Tag ist vorbei. Ich kann ihn nicht mehr ändern. Er ist so, wie er ist. Die Gespräche, die Entscheidungen sind so verlaufen. Alles Grübeln macht die Gespräche und Entscheidungen nicht rückgängig. Aber ich kann alles, so wie es war, Gott hinhalten und vertrauen, dass Gott alles in Segen verwandelt. Gott kann auch das nicht optimal geführte Gespräch in Segen verwandeln. Gott kann auch die Entscheidung, bei der ich immer noch nicht weiß, ob sie wirklich gut war, in Segen verwandeln. Das ist die Entlastung des Glaubens. Gott vermag das Vergangene in Segen zu verwandeln. Das gibt mir die Möglichkeit, das Vergangene loszulassen. Ich grüble nicht weiter nach über das, was war. Ich halte es Gott hin, in dem Vertrauen, dass er alles in Segen verwandelt. So kann ich vertrauensvoll den Tag und mich selbst Gott übergeben und auf diese Weise loslassen.

Wenn ich meinen Tag Gott hinhalte, soll ich aber nicht nur loslassen. Für uns ist es wichtig, abends voller Dankbarkeit unseren Tag Gott hinzuhalten. Die Dankbarkeit verwandelt den Tag. Es gibt jeden Tag etwas, wofür ich Gott danken kann. Ich danke Gott, dass ich gesund geblieben bin, dass ich Menschen getroffen habe, die mich freundlich gegrüßt haben und die mich ermutigt haben. Ich danke Gott, dass mir selbst einiges gelungen ist, dass ich einen anderen aufrichten durfte. Die Dankbarkeit verwandelt unsere Stimmung. Br. David Steindl-Rast sagte einmal: »Ich bin nicht dankbar, weil ich glücklich bin. Sondern ich bin glücklich, weil ich dankbar bin.« Und Albert Schweitzer rät dem, dem es nicht so gut geht, er solle sich etwas suchen, wofür er dankbar sein kann. Dann geht es ihm besser. Dann verwandelt sich seine Stimmung. So ist es wichtig, dass wir am Abend mit einem guten Gefühl ins Bett gehen. Wenn wir den Tag dankbar Gott hinhalten, dann gehen wir mit innerem Frieden ins Bett.

Wenn wir unsere Hände Gott hinhalten, danken wir aber nicht nur für den Tag und für das, was heute geschehen ist. Wir danken Gott für alles, was er uns an Fähigkeiten in die Hand gelegt hat. Vielleicht hat er uns Kraft in die Hand gelegt, oder Klarheit, Kreativität oder Zärtlichkeit. Oder er hat uns die Gabe in die Hand gelegt, etwas anzupacken, etwas gut zu organisieren, einen Weg zu weisen, zu lenken und zu leiten? Oder wir waren in der Lage, andere aufzurichten, sie zu ermutigen, ihnen Schutz und Geborgenheit zu schenken. Anderen gab Gott die Gabe in die Hand, etwas schön zu gestalten und den Nächsten das Leben schöner zu machen. Auch das ist eine gute Gabe, für die wir danken dürfen. Wenn wir so voller

Dankbarkeit unseren Tag Gott hinhalten, beschließen wir den Tag in guter Weise und können dankbar und zufrieden uns in Gottes gute Hände fallen lassen und darin ausruhen.

Abendsegen

Ich danke Dir mein himmlischer Vater, durch Jesus Christus, deinen lieben Sohn, dass du mich diesen Tag gnädiglich behütet hast; und bitte dich du wolltest mir vergeben alle meine Sünden, wo ich Unrecht getan habe und mich diese Nacht gnädiglich behüten. Denn ich befehle mich, meinen Leib und Seele und alles in deine Hände. Dein heiliger Engel sei mit mir, dass der böse Feind keine Macht an mir finde. Und alsdann flugs und fröhlich geschlafen.

MARTIN LUTHER

Übungen für den Alltag

> Wenn Du die Möglichkeit hast, in den Abendhimmel zu schauen, nimm Dir fünf Minuten Zeit und betrachte das Untergehen der Sonne. Spüre, wie sich Frieden ausbreitet und wie die Stille des Abends kommt. Denk an das Wort aus dem Psalm: »Nur zu Gott hin wird stille meine Seele.«

> Suche nach einem schönen Abendlied, mit dem Du Frieden verbindest, wie etwa: »Abend wird es wieder«, «Der Mond ist aufgegangen«, »Herr, bleibe bei uns, denn es will Abend werden«, »Nun ruhen alle Wälder«. Suche auf YouTube eine schöne Einspielung oder singe es selbst. Singen beruhigt Deine Seele.

Es sind nicht die Worte eines Liedes, die das Gebet machen.
Es ist die Art, in der es gesungen wird, die Gottes Ohr erreicht.
Ein gutes Lied wächst und wächst mit dem Singen.

NORMAN H. RUSSEL

> Beobachte Dich, wie Du Deinen Abend gestaltest. Welche Gewohnheiten hast Du, die Dir nicht guttun? Hast Du Dir irgendwelche Rituale der Selbstbelohnung angewöhnt wie zum Beispiel Fernsehen, Alkohol trinken, Chips essen, Internetsurfen, Facebooknachrichten usw.? Dann wäre es eine schöne und zugleich anspruchsvolle Übung, die hohe Kunst der Selbstbestimmung zu trainieren, indem Du Dir ein anderes Abendritual zur Gewohnheit machst. Suche Dir ein Abendritual, bei dem Du Dich bewusst löst von Gewohnheiten oder irgendwelchen fragwürdigen Ritualen der Selbstbelohnung. Überlege Dir, welches Abendritual Dir guttut, wie Du Deinen Abend so gestalten kannst, damit es Dein eigener Abend wird, so wie Du ihn gern hast.

> Wenn es Dir nicht gelingt, jeden Abend so zu gestalten, wie es Deiner Sehnsucht entspricht, dann nimm Dir einen Abend im Monat oder alle vierzehn Tage frei und verzichte bewusst auf die üblichen Rituale der Selbstbelohnung. Mach es zu Deiner bewussten Entscheidung. Mach den Abend zu Deinem Abend und gestalte ihn so, dass er Dich erfreut und Dein Inneres nährt.

V.
SIEBEN TERMINE
MIT MEINEM SCHUTZENGEL

An meinen Schutzengel

Den Namen weiß ich nicht – doch du bist einer
Der Engel aus dem himmlischen Quartett,
Das einstmals, als ich kleiner war und reiner,
Allnächtlich Wache hielt an meinem Bett.

– Wie du auch heißt: Seit vielen Jahren schon
Hältst du die Schwingen über mich gebreitet
Und hast, der Toren guter Schutzpatron,
Durch Wasser und durch Feuer mich geleitet.

Du halfst dem Taugenichts, als er zu spät
Das Einmaleins der Lebensschule lernte.
So manche Saat, die bang ich ausgesät,
Ging auf und wurde unverhofft zur Ernte.

Seit langem bin ich tief in deiner Schuld.
– Verzeih mir noch die eine, letzte Bitte:
Erstrecke deine himmlische Geduld
Auch auf mein Kind, und lenke seine Schritte.

Er ist mein Sohn; das heißt, er ist gefährdet.
Sei um ihn tags, behüte seinen Schlaf
Und füg es, daß mein liebes schwarzes Schaf
Sich dann und wann ein wenig weiß gebärdet.

Gib du dem kleinen Träumer das Geleit.
Hilf ihm vor Gott und vor der Welt bestehen.
... Und bleibt dir dann noch etwa freie Zeit,
Magst du bei mir auch nach dem Rechten sehen.

MASCHA KALÉKO

> Aus: Mascha Kaléko, Sämtliche Werke und Briefe in vier Bänden. Herausgegeben von Jutta Rosenkranz. © 2012 dtv Verlagsgesellschaft, München; der Abdruck erfolgt mit freundlicher Genehmigung

Im Matthäusevangelium sagt Jesus zu seinen Jüngern: »Hütet euch davor, einen von diesen Kleinen zu verachten! Denn ich sage euch: Ihre Engel im Himmel sehen stets das Angesicht meines himmlischen Vaters.« (Mt 18,10) Diese Worte Jesu haben die Kirchenväter zu ihrer Lehre vom Schutzengel inspiriert. Von Geburt an bekommt jeder Mensch von Gott einen Engel als Schutzengel, der ihn auf all seinen Wegen, seine Umwegen und Irrwegen begleitet und ihn schließlich über die Schwelle des Todes in Gottes liebende Arme hinüber trägt. Der Schutzengel bewahrt uns nicht vor allen Gefahren. Aber er schützt unseren innersten Kern. Und der Schutzengel möchte uns immer mit den Möglichkeiten in Berührung bringen, die Gott in unsere Seele hineingelegt hat, von denen wir uns aber oft genug entfernen, weil uns andere Dinge wichtiger sind. Der Schutzengel ist ein Bild für die Instanz in uns, die weiß, was für uns gut ist, und die dafür sorgt, dass wir unserem Wesen entsprechend leben.

Aber häufig achten wir nicht auf den Schutzengel. So begleitet er uns, ohne dass er auf unser Leben Einfluss nehmen kann. Wir dürfen unser Herz öffnen, damit wir den Schutzengel wahrnehmen, der uns begleitet und uns vor den Gefährdungen des Lebens bewahren möchte. Ein Weg, uns dem Schutzengel anzuvertrauen, damit er unser Innerstes schützt, kann sein, mit ihm Termine auszumachen. Wenn wir mit ihm einen Termin ausmachen, so wissen wir, dass wir zu diesem Zeitpunkt auf jeden Fall den Schutzengel antreffen. Es kommt dann darauf an, zu verstehen, was uns der Schutzengel bei diesem Termin sagen möchte. Wir haben uns sieben Termine mit unserem Schutzengel ausgedacht, die uns helfen könnten, mit dem Potential unserer Seele in Berührung zu kommen und den Schlüssel zu finden zu unserem Herzen. Der Schutzengel wacht über diesen Herzensschlüssel. Und die Termine mit dem Schutzengel sind Zeiten, in denen er uns diesen Schlüssel in die Hand gibt, damit wir selbst die Tür zu einem gelingenden Leben öffnen können.

1. Gebet der liebenden Aufmerksamkeit am Abend

Ein Termin mit dem Schutzengel, den in der Tradition ignatianischer Spiritualität viele Menschen wahrgenommen haben, war die Übung der liebenden Aufmerksamkeit. Früher hat man diese Übung als Gewissenserforschung verstanden. Sie war eher moralisierend. Man dachte darüber nach, welche Fehler begangen wurden. Die Übung der liebenden Aufmerksamkeit geht jedoch anders: Ich gehe den Tag noch einmal durch und frage mich, wo mich Gott heute berührt hat. Ich versuche in Dankbarkeit mich an all die Gnadenerweise Gottes zu erinnern. Ich gehe meinen Tag bewusst unter dem Aspekt durch, dass Gott mich den ganzen Tag über begleitet hat. Keinen Augenblick war ich ohne Gott. Und jetzt am Abend frage ich mich, was Gott mir durch die Ereignisse und Erlebnisse des Tages sagen wollte.

Willi Lambert, der als Jesuit die Übung der liebenden Aufmerksamkeit beschrieben hat, meint, es gehe darum, sich die Sichtweise Gottes zu eigen zu machen: »Es will die Einzigartigkeit, die Einmaligkeit des Lebens entdecken, will die Welt und das eigene Dasein im Licht Gottes schauen lernen.« (Gebet 16f) Man soll den Tag vom Aufstehen bis zum Abend einfach durchgehen und schauen, welche Situationen und Emotionen sich zu Wort melden. Aber man darf nicht bei den äußeren Dingen stehenbleiben, sondern versuchen, mit den Augen des Herzens »tiefer zu schauen und zu verstehen, was

eigentlich an diesem Tag geschehen ist. Es gilt zu sehen, wie in all dem verschiedenen Erleben der Geist Gottes am Werk war. Dieser zeigt sich im Geschehen von Liebe, Freude, Friede, Geduld, Freiheit, Demut, Wahrhaftigkeit« (Gebet 19).
In liebender Aufmerksamkeit sehe ich mein Leben mit anderen Augen. Sie öffnet mein Herz für das, was Gott mir am nächsten Tag zeigen möchte. Die Übung führt mich dazu, ganz im Augenblick zu leben und mich immer zu fragen, was meine täglichen Erlebnisse mir sagen möchten, was Gott mir durch die Begegnungen und Erfahrungen sagen möchte. Überall werde ich dann erkennen, dass Gott liebevoll mit mir umgeht, dass er mich nicht allein lässt, sondern mich behutsam führt, damit mein Leben immer mehr gelingt und immer mehr vom Geist Jesu durchdrungen wird.

Übungen für den Alltag

> Gehe den vergangenen Tag noch einmal durch. Lass einfach in Dir aufsteigen, was gerade kommt. Und dann frage Dich immer wieder: Was wollte Gott mir heute sagen durch die verschiedenen Erlebnisse? Wo hat Gott mich berührt? Wo habe ich etwas von Liebe, Frieden, Einklang gespürt? Was ist die Botschaft dieses Tages an mich? Und dann lege alles in Gottes Hand und vertraue darauf, dass Gott Dich auch am nächsten Tag behutsam führen wird.

2. Sonntag: Eucharistiefeier

Eine gute Verabredung mit dem Schutzengel wäre es, sich Zeit für die Eucharistiefeier am Sonntag zu reservieren. Viele denken dabei gleich an Sonntagspflicht. Aber eine Verabredung ist etwas anderes, als eine Pflicht zu erfüllen. Wenn ich mir den Sonntagvormittag für die Eucharistiefeier freinehme, tut das meiner Seele gut. Ich nehme mir eine heilige Zeit, die dem Zugriff der Welt und ihren Erwartungen und Ansprüchen entzogen ist, in der ich aufatmen kann. Und in der Eucharistiefeier übe ich wichtige Schritte meiner Menschwerdung und meines Glaubens ein. Wir möchten einige Aspekte nennen, die uns bei der Eucharistie wichtig sind, die ein Schlüssel sein könnten zu einem bewussteren und erfüllteren Leben.

Eucharistie ist die Feier der Verwandlung. Wir werden nicht nur Leib und Blut Christi verwandeln, sondern unser Leben wird verwandelt. Zwei Wandlungsrituale können das verdeutlichen. Das erste Ritual ist der Bußakt. Damit machen wir uns oft selbst klein oder schlecht. Wir halten unsere ganze Wahrheit Gott hin, unsere Umwege und Irrwege. Wir verzichten darauf, unser Leben zu bewerten. Wir halten es so, wie es ist, in das Erbarmen Jesu und vertrauen darauf, dass alles in uns angenommen und umarmt ist von der Barmherzigkeit Jesu. Das zweite Wandlungsritual, das C.G. Jung ausführlich beschrieben und mit Ritualen in anderen Religionen verglichen hat, ist die Gabenbereitung. Etwas hochhalten bedeutet in allen Religionen:

es in den göttlichen Bereich zu halten, um es von Gott verwandelt wieder zurückzubekommen. Wir halten im Brot Gott unseren Alltag hin, der uns oft genug aufreibt und zerreibt, zermürbt und zerreißt. Und wir vertrauen, dass Gott uns den Alltag verwandelt zurückgibt als ein Brot, das uns nährt auf dem Weg durch die Wüste. Dann halten wir den Kelch Gott hin. Es gibt in der Bibel den Kelch des Leids. Wir halten unser Leid und das Leid der Menschen Gott hin, die uns am Herzen liegen, in der Hoffnung, dass er den Kelch des Leids in einen Kelch des Heils verwandelt. Dann halten wir den Kelch der Bitterkeit Gott hin. Wir kennen Gefühle von Bitterkeit, wenn unser Leben nicht so läuft, wie wir es gerne hätten, wenn wir immer wieder verletzt werden. Und wir vertrauen, dass Gott den Kelch der Bitterkeit in einen Kelch der Süßigkeit verwandelt. Die Juden kennen den Trauerkelch. Wir trauern nicht nur über den Tod lieber Menschen, sondern wir betrauern verpasste Lebenschancen, zerbrochene Lebensträume und unsere eigene Durchschnittlichkeit. Wir hoffen, dass Gott den Trauerkelch in einen Trostkelch verwandelt. Und wir halten den Kelch, der mit Wein gefüllt ist, vermischt mit etwas Wasser, hin. Das ist ein Bild für unsere Liebe, die oft genug vermischt ist mit Zweifeln, Eifersucht, Neid, Enttäuschungen, Verletzungen und Aggressionen. Wir vertrauen darauf, dass Gott den Kelch unserer vermischten Liebe in einen Kelch der reinen Liebe verwandelt.

Es gibt noch eine dritte Verwandlung, die wir in der Eucharistie einüben können. Wir feiern die Verwandlung Jesu in Tod und Auferstehung. Jesus hat sich den Tod nicht ausgesucht. Er ist ihm von außen widerfahren. Doch er hat das, was sein Leben durchkreuzt hat, in einen Akt der Hingabe verwandelt: »Es gibt keine größere Liebe als wenn jemand sein Leben hingibt für seine Freunde.« (Joh 15,13) Täglich werden unsere Lebenspläne und unsere Vorstellungen vom Leben durchkreuzt durch Krankheit, durch ein Unglück, durch

Menschen, die unseren Plänen in die Quere kommen. Wir können darüber jammern und uns als Opfer fühlen. Oder aber wir können das, was unser Leben durchkreuzt, in einen Akt der Hingabe und Liebe verwandeln. Wenn uns das gelingt, dann verliert sich in uns die Angst vor Ereignissen, die unser Leben durchkreuzen. Wir leben dann in der Hoffnung: Ganz gleich, was in der nächsten Woche passiert, es kann uns nicht schaden. Ja, es kann sogar zum Segen werden, wenn wir es in Hingabe verwandeln.

Ein anderer Aspekt der Eucharistie ist, dass heute an uns geschieht, was damals den Menschen geschehen ist, die Jesus begegnet sind und die von Jesus berührt, angesprochen, ermutigt und oft geheilt wurden. Man könnte sagen: Das, was im Evangelium verkündet wird, wird heute Wirklichkeit, und zwar auf greifbare und sinnliche Weise. In der Kommunion begegne ich diesem Jesus, der sich selbst zur Speise und zum Trank gibt, das heißt: Er wird mit mir eins. Er schenkt mir seinen heilenden, aufrichtenden, ermutigenden Geist, damit sein Geist in der Kommunion alles in mir durchdringt und verwandelt. Wenn das Evangelium von der blutflüssigen Frau vorgelesen wird, kann ich mir vorstellen: Ich gehe als dieser Mensch, der sich verausgabt hat, der durch sein vieles Tun ankommen wollte bei den Menschen und der sich jetzt völlig leer fühlt, ich gehe zu Jesus und halte meine Hand bei der Kommunion ihm hin. Und ich erfahre sein Wort: »Meine Tochter, mein Sohn, dein Glaube hat dir geholfen. Geh hin in Frieden! Du bist geheilt von deinem Leiden.« (Mk 5,34) Oder wenn ich das Evangelium vom Seesturm höre, kann ich mir vorstellen, dass Jesus bei er Kommunion in mein Boot einsteigt und alles beruhigt, was um mich herum an Wellen und Wogen auf mich einstürmt.

3. Sonntag: Vor der Eucharistiefeier: Innehalten, Bilanz ziehen

Du meine heilige Einsamkeit

Du meine heilige Einsamkeit,
Du bist so reich und rein und weit
Wie ein erwachender Garten.
Meine heilige Einsamkeit du –
Halte die goldenen Türen zu,
vor denen die Wünsche warten.

RAINER MARIA RILKE

Wenn wir uns am Sonntag für die Eucharistiefeier Zeit nehmen, dann wäre es auch eine gute Verabredung mit dem Schutzengel, wenn wir etwa fünfzehn Minuten vor Beginn des Gottesdienstes in der Kirche sind, um innezuhalten und Bilanz zu ziehen. Das Wort »Bilanz« kommt eigentlich aus der Kaufmannssprache. Wir bilanzieren Gewinn und Verlust der letzten Woche und stellen beide gegenüber. Wenn wir innerlich Bilanz ziehen, geht es nicht um die Bewertung von Gewinn und Verlust. Alles, was in uns auftaucht, darf sein. Aber eines können wir doch aus der Bilanzrechnung lernen: Wir wollen erkennen, wo wir gerade stehen. Wie ist meine Situation vor Gott? Wie geht es mir selbst? Stehe ich zu mir oder neben mir? Wie steht es um mich? Bin ich innerlich in Ordnung? Oder ist da in der Bilanz eine Schieflage entstanden? Solche Fragen sind nicht immer angenehm. Aber es tut mir gut, von Zeit zu Zeit vor Gott Bilanz zu ziehen, um zu erkennen, wo ich stehe und worauf ich mein Augenmerk richten sollte, damit es nicht bergab geht mit mir.

Die zweite Chance dieser stillen zehn oder fünfzehn Minuten in der Kirche ist das Innehalten. Das deutsche Wort Innehalten ist voller Bedeutung. Wir machen Halt mit unseren vielen Tätigkeiten, damit wir ins Innere gelangen und dort im Inneren Halt finden. Im Inneren können wir uns an Gott festhalten, der in uns ist, oder auch an Haltungen, die wir im Inneren entdecken, Haltungen, die uns Gott geschenkt hat, damit sie uns mitten in den Turbulenzen dieser Welt Halt gewähren.

Wenn wir im Innehalten Beziehung zu unserem Inneren aufgenommen haben, können wir die vergangene Woche Revue passieren lassen. Was war in der vergangenen Woche? Was habe ich gelernt? Wo habe ich mich von der Unachtsamkeit treiben lassen? Was ist gelungen? Ich denke dabei nicht angestrengt nach, was alles war. Ich schaue vielmehr nach innen und lasse von alleine hochkommen, was da in meinem Herzen auftauchen möchte. Ich halte kurz inne, um das, was auftaucht, wahrzunehmen, zu meditieren und zu schmecken. Welchen Geschmack hinterlässt dieses oder jenes Ereignis? Worauf sollte ich nächste Woche besonders achten? Dann halte ich alles Gott hin und bitte Gott um seinen Segen für die kommende Woche. Und ich kann die Eucharistiefeier bewusst als Feier des Dankes (griechisch eucharistein = danken) erleben für das, was war, und als Bitte um Gottes Segen für die kommende Woche.

Übungen für den Alltag

> Wenn Du die Kirche betrittst, kannst Du Weihwasser nehmen und Dich bekreuzigen. Tue es langsam und bewusst. Denke daran, dass Dich dieses Ritual von Kindesbeinen an ein Leben lang begleitet und Dich immer gesegnet hat und auch zukünftig segnen wird. Oder Du stellst Dir vor, wie Dein ganzes Leben, alle Gegensätze auch das, was Du nicht zusammenbringst, verbunden und gesegnet ist. Du kannst Dir auch vorstellen, dass das Wasser Dein Denken reinigt von allen trüben Gedanken, dass es alle Trübungen wegwischt, die Dein ursprüngliches Bild verdunkeln. Stelle Dir vor, dass Du durch dieses Ritual in Berührung kommst mit dem unverfälschten Bild Gottes in Dir, mit dem ursprünglichen Glanz, der über Dir und Deinem Leben liegt.

> Setze Dich still in die Kirche oder an einen ruhigen Ort, an dem Du innehalten kannst. Dann prüfe Dich, wo Du gerade stehst. Fühlst Du Dich in Einklang mit Dir? Fließt Dein Leben oder stockt es? Höre auf Deinen Leib. Fühlst Du Dich darin wohl? Oder sagt Dir Dein Leib, dass etwas mit Dir nicht stimmt? Und höre auf Deine Gefühle! Was sagen Dir Deine Gefühle? Spürst Du in Dir inneren Frieden oder Zerrissenheit, Dankbarkeit oder Unzufriedenheit, Stimmigkeit oder Dissonanzen? Dann halte inne und bitte Gott, dass er Dir den Weg zeigt, wieder in Einklang mit Dir zu kommen.

4. Montag: Morgenritual zu Beginn der Woche

Um sich auf die kommende Woche einzustellen, könnte man schon am Sonntagabend im Kalender nachsehen, was einen in der nächsten Woche erwartet. Damit wäre ein gutes Morgenritual für den Montagmorgen vorbereitet. Ich setze mich zur Meditation oder zum Gebet in meine Gebetsecke und nehme meinen Terminkalender und schaue auf die Termine von heute und die der kommenden Woche. Bei einzelnen Terminen, die mir wichtig erscheinen, halte ich kurz inne und bitte Gott um seinen Segen. Mir hilft es, die einzelnen Termine Gott hinzuhalten. Dann verwandelt sich schon mein Gefühl. Wenn ich den Termin zunächst sehe, erscheint er mir wie eine Last. Aber wenn ich ihn dann Gott hinhalte, wird die Last leichter. Dabei kann es gut geschehen, dass mir schon einfällt, wie ich das eine oder andere Problem lösen kann, oder mit welcher inneren Einstellung ich auf einzelne Termine zugehen sollte.

Auf keinen Fall darf der Blick in den Terminkalender mich in Hektik bringen. Wenn ich hektisch werde oder ein Gefühl von Bedrückung in mir aufsteigt, dann mache ich etwas verkehrt, dann sehe ich die Termine allein von mir her. In der Meditation darf ich aber von Gott her einen Blick auf die Termine werfen. Ich möchte mit Gottes Augen auf sie schauen. Dann werde ich gelassener in die nächste Woche gehen. Und ich habe das Gefühl, dass Gottes Segen mit mir geht. Ich gehe voll Vertrauen in die Woche, dass alles, was da auf mich wartet, gelöst werden und zum Segen werden kann.

Übungen für den Alltag

> Setze Dich in Deine Gebetsecke und schau in Deinen Kalender. Was erwartet Dich in dieser Woche? Und dann halte jeden Termin Gott hin. Sage Gott: Ich weiß nicht, wie ich das alles leisten kann. Von mir allein hängt es nicht ab, ob alles gut wird. Segne Du diese Woche. Sei Du bei mir mit Deinem Segen. Lass alles so gelingen, dass es für alle gut wird, die an dem Gespräch oder am Arbeitsprojekt beteiligt sind. Schenke mir heute Zuversicht und Gelassenheit, mit Dir vertrauensvoll in diese Woche zu gehen.

5. Dienstagabend: frei zum Lesen

Rezept

*Jage die Ängste fort
und die Angst vor den Ängsten.
Für die paar Jahre
wird wohl alles noch reichen.
Das Brot im Kasten
und der Anzug im Schrank.*

*Sage nicht mein.
Es ist dir alles geliehen.
Lebe auf Zeit und sieh,
wie wenig du brauchst.
Richte dich ein.
Und halte den Koffer bereit.*

*Es ist wahr, was sie sagen:
Was kommen muß, kommt.
Geh dem Leid nicht entgegen.
Und ist es da,
sieh ihm still ins Gesicht.
Es ist vergänglich wie Glück.*

Erwarte nichts.
Und hüte besorgt dein Geheimnis.
Auch der Bruder verrät,
geht es um dich oder ihn.
Den eignen Schatten nimm
zum Weggefährten.

Feg deine Stube wohl.
Und tausche den Gruß mit dem Nachbarn.
Flicke heiter den Zaun
und auch die Glocke am Tor.
Die Wunde in dir halte wach
unter dem Dach im Einstweilen.

Zerreiß deine Pläne. Sei klug
und halte dich an Wunder
Sie sind lang schon verzeichnet
im großen Plan.
Jage die Ängste fort
und die Angst vor den Ängsten

MASCHA KALÉKO

> Aus: Mascha Kaléko, Sämtliche Werke und Briefe in vier Bänden. Herausgegeben von Jutta Rosenkranz. © 2012 dtv Verlagsgesellschaft, München; der Abdruck erfolgt mit freundlicher Genehmigung

Eine andere wirkungsvolle Verabredung mit dem Schutzengel wäre, sich einen konkreten Abend in der Woche zum Lesen zu reservieren. Am besten ist es, sich gleich den Dienstag vorzunehmen. Im Zweifelsfall kann man den Termin bewusst verschieben. Aber es sollte im Normalfall der gleiche Tag sein. Dann können wir der Familie, oder der Firma gegenüber argumentieren, dass dieser Abend bei uns immer belegt ist. Natürlich kann es dann Ausnahmen geben. Es ist sinnvoll, sich schon vorher zu überlegen, welches Buch man lesen möchte. Wir wählen uns gute Bücher aus, die nicht zu schwer sind, uns aber doch in eine andere Welt einführen. Es hat Sinn einige Zeit bei dem gleichen Buch bleiben und es von vorne bis hinten lesen. Dann wird das Buch für uns über einige Zeit hinweg ein guter Begleiter. Wir dürfen es uns bequem machen, damit das Lesen Freude macht. Dann haben wir das Gefühl, dass wir jeden Dienstagabend gleichsam Urlaub haben. Wir gönnen uns den Luxus, den ganzen Abend zu lesen.

Klaas Huizing, ein evangelischer Theologe, nennt sich einen leidenschaftlichen Leser. Er erzählt, dass er sich beim Lesen bequem in den Sessel setzt und die Füße auf das Sofa vor sich legt. Seine Tochter fragte ihn öfter, ob er so viel Urlaub habe. Sie hatte den Eindruck, dass diese Zeit, in der der Theologe natürlich auch fachlich viele Bücher lesen sollte, für ihn Urlaubszeit war. Als lustbetonte und neugierige Leser wie Huzing, freuen wir uns jede Woche auf den Dienstagabend. Mitten in der Woche habe ich einen Abend, der allein mir gehört, den ich so genießen kann, wie es mir guttut. Wenn ich beim Lesen müde werde, gehe ich einfach früher ins Bett. Ich setze mich auf keinen Fall unter Druck, möglichst viele Seiten zu lesen, um schneller fertig zu werden mit dem Buch. Es genügt, in dem Buch einen guten Begleiter für den Abend zu haben. Mehr brauche ich nicht. Ich muss nichts erreichen, nichts lernen. Ich darf einfach da sein und lesen.

Übungen für den Alltag

> Wähle schon am Sonntagabend ein Buch aus, das Du am Dienstagabend lesen möchtest. Wenn Du schon angefangen hast mit dem Buch, dann lese es auf jeden Fall zu Ende, damit Du Dich jeden Dienstag auf die Fortsetzung freuen kannst. Wähle intuitiv aus, ob Du Dir einen Roman, ein spirituelles Buch, oder ein Sachbuch aussuchst, weil Du Dich informieren möchtest über ein wichtiges Thema. Du brauchst die Vorfreude, damit Du Dich dann am Dienstag wirklich auf das Buch einlässt und nicht von einem Buch zum anderen hüpfst.

6. Samstagnachmittag: Spaziergang

Guter Rat

*An einem Sommermorgen
Da nimm den Wanderstab,
Es fallen deine Sorgen
Wie Nebel von dir ab.*

*Des Himmels heitere Bläue
Lacht dir ins Herz hinein
Und schließt, wie Gottes Treue,
Mit deinem Dach Dich ein.*

*Rings Blüten nur und Triebe
Und Halme von Segen schwer
Dir ist als zöge die Liebe
Des Weges nebenher.*

*So heimisch alles klingt
Als wie im Vaterhaus,
und über die Lerchen schwingt
Die Seel sich hinaus.*

THEODOR FONTANE

Dass uns Bewegung guttut, wissen wir alle. Aber oft gibt es genügend Ausreden, um uns davor zu drücken, einen Spaziergang zu machen. Manchmal ist das Wetter nicht einladend, ein andermal ist noch so viel zu erledigen, oder wir müssten einen Besuch machen. Daher dürfen wir mit unserem inneren Schutzengel, dem inneren Wächter über den Schlüssel zum guten Leben, einen festen Termin ausmachen. Das könnte der Samstagnachmittag sein. Wer Sportfan ist, kann den Spaziergang vor der Sportschau abschließen. Es ist gut zu überlegen, ob man den Spaziergang lieber allein machen möchte oder gemeinsam mit dem Ehepartner, mit einem Freund oder einer Freundin.

Dann geht es darum, sich den Weg auszusuchen, den man gehen möchte. Vielleicht führt vom eigenen Haus aus schon ein schöner Weg fort. Oder es gibt in der näheren Gegend schöne Wege, um dort entspannt wandern zu können. Beim Spaziergang dürfen wir nicht über die Probleme der Arbeit nach grübeln. Sonst können wir die Natur nicht genießen. Wenn ich gehe, gehe ich Schritt für Schritt. Ich nehme den Weg als Symbol für den inneren Weg. Die frühen Mönche haben das Gehen immer mit dem Auszug Abrahams als Weg verstanden, sich frei zu gehen von den Belastungen der Vergangenheit, sich frei zu gehen von Abhängigkeiten und alten Gewohnheiten. Das Gehen ist ein Hineingehen in meine ursprüngliche und unverfälschte Gestalt. Ich gehe mich frei von den Bildern, die andere mir übergestülpt haben. Ich fühle mich im Gehen frei. Und ich sage mir manchmal den Satz von Novalis vor: »Wohin denn gehen wir? – Immer nach Hause.« So spüre ich, wie mein Gehen immer auf ein Ziel hin gerichtet ist, aber nicht auf ein irdisches Ziel, sondern letztlich auf das Zuhause, das mich bei Gott erwartet. Dieses Zuhause kann ich schon während des Gehens erfahren. Auf dem Weg bin ich ganz bei mir und zugleich bei Gott daheim. Wenn ich die Natur bewusst wahrnehme, fühle ich mich auch eins mit der Natur. Wir sprechen von der Mutter Erde. Die Natur hat etwas Mütterliches an sich. Sie bewertet uns nicht und sie trägt und nährt uns wie eine Mutter. Wir fühlen uns in der Natur geborgen, ohne Kritik an unserer Person. Inmitten von Gottes Schöpfung dürfen wir sein, wie wir sind.

Übungen für den Alltag

> Wenn Du spazieren gehst, versuche einmal, ganz im Gehen zu sein. Beobachte Dich, wie Du mit Deinen Füßen bei jedem Schritt die Erde berührst und sogleich wieder von ihr abhebst. Das ist ein Symbol für Dein Leben. Du lebst auf dieser Erde und gehst doch über sie hinaus. Du bist auf dem Weg auf ein spirituelles Ziel, letztlich auf Gott als das letzte Ziel. Und dann versuche, ganz in Deinen Sinnen zu sein. Schaue Dich um: Was siehst Du? Bleibe öfter stehen, um einen Baum zu bewundern, eine Blume oder eine Wurzel. Höre auf das Rauschen des Windes, auf das stete Tröpfeln des Regens, auf das leise Rauschen der Felder. Spüre mit Deiner Haut den Wind und die Sonne, wie sie Dich wärmt. Und rieche, um die verschiedenen Gerüche um Dich herum wahrzunehmen. Dann wirst Du beim Spazierengehen frei werden von allem Kreisen um Deine eigenen Sorgen.

7. Ein Abend:
Gespräch mit Ehepartner oder Freund

Schnelle Nachtfahrt

Niemals wird es uns gelingen, die Welt zu enthassen.
Nur dass am Ende uns nicht reue heimsucht
über nicht geliebte liebe.

REINER KUNZE

Wir haben noch einen Terminvorschlag mit unserem Schutzengel, der unser Leben bereichern könnte. Einen Abend in der Woche reservieren wir für das Gespräch mit dem Ehepartner oder aber mit einem guten Freund. Statistiken sagen, dass die Ehepartner in Deutschland pro Tag höchstens elf Minuten miteinander sprechen. Und diese Gespräche sind meistens nicht tiefgehend. Doch wenn das Gespräch verstummt, leidet die Partnerschaft darunter. Daher wäre es gut, sich einen Abend bewusst für ein Gespräch Zeit zu nehmen. Natürlich bietet es sich an, das Gespräch mit einem Abendessen in einer Gastwirtschaft oder aber in lockerer Atmosphäre zu Hause zu verbinden.

Manche Ehepaare haben für dieses Gespräch ein festes Ritual entwickelt, zum Beispiel das Ritual des Sprechsteins. Dabei sitzt man sich gegenüber. Der eine nimmt den Sprechstein in die Hand und sagt das, was er gerne sagen möchte. Solange er den Stein in der Hand hat, darf der andere nichts sagen, er soll weder antworten, noch etwas zurecht rücken, noch sich verteidigen. Er hört einfach zu. Wenn der andere den Stein dann wieder auf den Tisch legt, kann der andere sprechen, solange er möchte. Dieses feste Ritual führt dazu, dass der einzelne wirklich das sagen kann, was er sagen möchte, ohne unterbrochen zu werden. Wir lernen, einander gut zuzuhören. Das Gegenüber denkt nicht sofort an seine Antwort, sondern hört gut hin, was den anderen wirklich bewegt. Zu diesem Ritual gehört die Regel, dass ich nur über mich spreche. Auch wenn ich von der Wirkung des anderen auf mich spreche, tue ich es in der Ichform: »Mich hat dieses Wort verletzt. Ich fühle mich verletzt durch dieses Wort. Mir hat es wehgetan, dass Du gestern so spät zu unserem gemeinsamen Essen gekommen bist.« Ebenso darf ich auf keinen Fall den anderen bewerten. Ich spreche ausschließlich über meine Reaktion. Das lässt dem anderen die Freiheit, sich nicht rechtfertigen zu müssen. Er erfährt, was sein Verhalten beim anderen ausgelöst hat. Das ist eine gute Information für ihn. Er versteht den anderen besser und kann sich neu auf ihn einstellen.

WIE SCHÜTZE ICH EINE WERTVOLLE ERFAHRUNG? – DIE ERSTEN STUNDEN DANACH

Stilles Reifen

Alles fügt sich und erfüllt sich,
musst es nur erwarten können
und dem Werden deines Glückes
Jahr und Felder reichlich gönnen.

Bis du eines Tages jenen reifen Duft der Körner spürest
und dich aufmachst und die Ernte in die tiefen Speicher führest.

CHRISTIAN MORGENSTERN

Es ist nicht selbstverständlich, dass es gelingt, die gute Erfahrung mit nach Hause zu nehmen. Manch ein Kursteilnehmer ist mit großer Freude nach Hause gefahren, mit dem Vorsatz, ab jetzt wird alles anders. Doch dann war das Ankommen daheim gar nicht so harmonisch, wie man es sich erhofft hatte. Sie waren voll von den guten Erfahrungen und sprudelten gleich los, was sie alles in diesen Tagen im Kloster erfahren haben. Doch die begeisterte Erzählung rief eher Aggression beim Ehepartner, bei den Kindern oder den Arbeitskollegen hervor. Zum Beispiel kann Neid in den Gesprächspartnern hochkommen, weil sie daheimbleiben und arbeiten mussten. Daher möchten wir ein paar hilfreiche Tipps geben, wie man die wertvollen Erfahrungen eines Kurses bewahren könnte. Diese Tipps gelten nicht nur für den Umgang mit guten Erfahrungen im Kurs, sondern für jede mich berührende Erfahrung, die ich machen durfte.

> Stürze vor dem Heimgehen nicht gleich los und lass Dir nach der Erfahrung Zeit. Versuche, die Erfahrungen, die Du gemacht hast, in Dankbarkeit zu verwahren. Setze Dich vor dem Aufbruch von Münsterschwarzach zum Beispiel in die Kirche, achte auf den Atem und lasse in der Stille die wertvollen Erfahrungen noch einmal in Dir hochkommen. Dann versiegle in der Stille den inneren Raum in Dir. Du kannst Deine Erfahrungen gleichsam in der inneren Schatzkammer versiegeln und so schützen.

> Auf dem Heimweg im Auto oder bei der Bahnfahrt spüre den schützenden Raum in Dir, lasse Dich nicht anstecken vom Chaos um Dich herum. Nimm es einfach wach wahr und segne innerlich alles, was um Dich herum ist und was auf Dich einströmt. Geh gut und milde damit um, ohne zu urteilen. Gib dem Unfrieden um Dich herum Deinen Frieden.

> Wenn Du heimkommst, erwarte nicht zu viel. Du kommst in das alte System und das Alte hat ein Recht so zu sein, wie es ist. Du kannst es sanft ändern, wenn Du so bist wie Du bist, mit Deiner neu gemachten Erfahrung.

> Fange bei der Heimkehr nicht sofort an, von den guten Erfahrungen zu erzählen, sondern frage erst einmal die Daheimgebliebenen, wie es ihnen geht, wie sie die letzten Tage erlebt haben. Und sage ihnen, dass Du Dich freust, sie wiederzusehen.

> Bitte die Menschen, die Dir nahe sind und Dich vielleicht bedrängen etwas zu erzählen, um Geduld und sende Signale, dass Du noch etwas Zeit brauchst mit dem Erzählen, dass Du Deine Erfahrungen aber gerne mit ihnen teilen möchtest.

> Versuche nicht, die Unaufgeschlossenen zu bekehren. Jeder macht seine eigenen Erfahrungen. Erzähle einfach, ohne den Druck, den anderen etwas beibringen zu müssen. Und achte darauf, ob die Zuhörer wirklich Interesse haben. Jesus sagt, man solle die Perlen nicht vor die Schweine werfen. Wenn Du das Gefühl hast, dass die anderen nur darauf warten, Deine Erfahrungen zu entwerten, dann hör auf zu erzählen und frage lieber die anderen nach ihren Erfahrungen und Wünschen.

> Sei dankbar für das Geschehene und bitte um Beistand, dass die gemachte Erfahrung in Dir ihre Kraft entfalten kann.

> Versuche in den nächsten Tagen ab und zu, an das Gefühl anzukoppeln, das die wertvolle Erfahrung begleitet hat. Und lies in den folgenden Wochen hin und wieder das Aufgeschriebene. Betrachte das, was Du erfahren hast, mit Interesse, Neugierde und Achtsamkeit. Und achte darauf, dass Du es nicht bewertest. Spüre einfach, wie sich das, was Du erlebt hast, jetzt anfühlt.

> Begrüße den Alltag und vertraue darauf, dass es keinen besseren Trainer gibt als den Alltag. Er lehrt Dich alles, was Du zu lernen hast, mit den nötigen Lektionen, in der Dosis, die Dich weiterbringt – auch wenn Du es in dem Moment vielleicht noch nicht verstehen kannst.

Die reinste Form des Wahnsinns ist es,
alles beim Alten zu lassen und gleichzeitig zu hoffen,
dass sich etwas ändert.

ALBERT EINSTEIN

SCHLUSS

Am Ende wird alles gut.
Und wenn es noch nicht gut ist,
ist es auch noch nicht das Ende.

OSKAR WILDE

Es ist normal, dass wir den Schlüssel immer wieder einmal verlegen. Doch viele Menschen haben ihre Strategien entwickelt, damit es nicht so oft vorkommt. Eine gute Strategie ist, den Schlüssel immer an die gleiche Stelle zu legen oder hinzuhängen. Dann braucht man nicht lange zu suchen. Wenn er einmal nicht an der vereinbarten Stelle hängt, fängt das Nachdenken an: Wo habe ich ihn hingelegt? Und ich verbrauche unnötig Energie, den Schlüssel wieder zu suchen. Doch wenn ich es mir zur Gewohnheit gemacht habe, den Autoschlüssel, sobald ich heimkomme, an die richtige Stelle zu hängen, kann ich mich leichter erinnern, wo er liegt. Und ich erkenne dann schneller, warum meine Gewohnheit durchbrochen wurde, was in diesem Moment dazwischengekommen ist.

Ähnlich geht es uns mit dem Schlüssel zum gelingenden Leben. Je mehr wir feste Rituale haben, an denen wir den Schlüssel antreffen, je mehr wir feste Termine mit dem Schutzengel vereinbaren, der uns den Schlüssel in die Hand gibt, und je mehr wir unsere konkreten Übungen machen, wie wir die Tür zu einem bewussten und achtsamen Leben aufschließen können, desto weniger brauchen wir nachzugrübeln, wohin wir denn den Schlüssel schon wieder gelegt haben. Und wenn wir ihn verlegt haben, dann können wir einen neuen Termin mit dem Schutzengel ausmachen oder uns wieder an die Hilfen erinnern, den Schlüssel zu finden. Oder wir üben uns wieder ein in das Trainingsprogramm, das wir uns auferlegt haben, damit der Schlüssel nie verrostet, mit dem wir die Tür zu einem besseren Leben aufschließen möchten.

Aber bei allen Hilfen, die uns der Schlüssel anbietet, um die Tür zum wahren Leben aufzuschließen, sollten wir uns immer daran erinnern, dass der geistliche Weg nicht einfach ein Raum ist, in den man eintreten kann, wenn der Schlüssel uns die Tür dafür aufgeschlossen hat. Der geistliche Weg ist vielmehr ein langer und oft genug auch mühsamer Weg. Wir bleiben auf dem Weg, auch wenn der Schlüssel uns die eine oder andere Türe aufgesperrt hat. Wir dürfen durch immer neue Türen hindurchgehen und sind zwischendrin lange Wege allein unterwegs, um dann endlich durch die Tür zu schreiten, die uns einen Blick auf die Schönheit erlaubt, in der uns Gottes Herrlichkeit aufleuchtet. Doch diese Schönheit Gottes leuchtet uns auf dem langen Weg immer wieder einmal auf. Sie treibt uns an, weiterzuwandern und eine Tür nach der anderen aufzuschließen, um immer tiefer in das Geheimnis unserer wahren Gestalt und in das Geheimnis von Gottes Herrlichkeit hineinzuschauen und daran Anteil zu bekommen.

Wir wünschen Euch, liebe Leserinnen und Leser, dass Ihr Euren Schlüssel im Alltag nie vergesst, sondern ihn immer bereit habt. Auf diese Weise könnt Ihr im Alltag die Tür aufschließen zu einem Leben, so wie Ihr es einmal beim Kurs erfahren habt oder so wie es Euch einmal bei einem Schlüsselerlebnis aufgeblitzt ist, das Ihr mitten im Alltag gemacht habt. Und wir wünschen Euch, dass Ihr Euch nicht ärgert oder gar selbst beschimpft, wenn Ihr den Schlüssel einmal verlegt habt. Erinnert Euch vielmehr, wo der Schlüssel liegt. Und dann schließt jetzt die Tür auf, durch die Ihr gerade gerne gehen möchtet.

Und habt Geduld, wenn die eine Tür, die Ihr gerade aufschließt, nicht die letzte ist, sondern genau die Tür, die jetzt für Euch die richtige ist, damit Euer Weg Euch immer mehr in die Weite und Schönheit Gottes hineinführt.

Eine chinesische Geschichte

Da lebte ein Mann in einem kleinen Dorf, der hatte einen Sohn und ein schönes weißes Pferd.

Der König wollte es unbedingt kaufen, aber der Mann verkaufte es nicht. Da wurde ihm eines Tages das Pferd gestohlen. Die Leute sagten: »Was für ein Unglück.« Der Mann aber sagte: »Das kann man nicht wissen. Das, was ich weiß, ist, dass das Pferd nicht mehr im Stall steht. Ob es ein Unglück oder ein Segen ist, wer will das sagen? Wir sehen nur einen Teil des Ganzen.«

Das Pferd aber war nicht gestohlen worden, sondern davongelaufen. Nach zwei Wochen kam es zurück und mit ihm gleich zwölf andere Wildpferde. Da sagen die Leute: »Das war aber doch ein Segen.« Der Mann sagte: »Das kann man nicht wissen. Ich weiß nur, dass mein Pferd zurückgekommen ist. Ob es ein Unglück oder ein Segen ist, wer will das sagen? Wir sehen nur einen Teil des Ganzen.«

Da begann der Sohn des Mannes, eines der Pferde zuzureiten. Dabei stürzte er jedoch ab und brach sich ein Bein. Da sagten die Leute: »Was für ein Unglück!« Der Mann sagte: »Das kann man nicht wissen. Ich weiß nur, dass mein Sohn sich ein Bein gebrochen hat. Ob es ein Unglück oder ein Segen ist, wer will das sagen? Wir sehen nur einen Teil des Ganzen.«

Zwei Wochen später wurden alle jungen Männer des Dorfes von den Leuten des Königs rekrutiert und mussten in den Krieg ziehen. Nur der Sohn des Mannes nicht, weil er sich das Bein gebrochen hatte. Da sagten die Leute: »Was für ein Glück. Das gebrochene Bein war alles andere als ein Unglück, es war ein Segen für Dich.« Der Mann aber sagte: »Das kann man nicht wissen. Ich weiß nur, dass eure Söhne eingezogen wurden und mein Sohn hiergeblieben ist. Ob es ein Unglück oder ein Segen ist, wer will das sagen? Wir sehen nur einen Teil des Ganzen.«

JOHANNA DOMEK

LITERATUR

Nilton Bonder
Der Rabbi hat immer Recht
Die Kunst, Probleme zu lösen
HEIDELBERG 2014

James F. Bugental
Stufen therapeutischer Entwicklung
In: Psychologie der Wende,
herausgegeben von R. N. Walsh und F. Vaughan
MÜNCHEN 1985, S. 194–201

Johannes Cassian
Unterredungen mit den Vätern – Collationes patrum
Übersetzt und herausgegeben von Gabriele Ziegler
Quellen der Spiritualität, Band 5 (Teil 1: Collationes 1–10), Band 9 (Teil 2: Collationes 11–17) und Band 12 (Teil 3: Collationes 18–24)
MÜNSTERSCHWARZACH 2011–2015

Johanna Domek
Segen
Quelle heilender Kraft
MÜNSTERSCHWARZACH 2011

Viktor E. Frankl
Bergerlebnis und Sinnerfahrung
INNSBRUCK 1993

Karlheinz A. Geißler
Lob der Pause
Von der Vielfalt der Zeiten und der Poesie des Augenblicks
MÜNCHEN 2008

Mascha Kaléko
Sämtliche Werke und Briefe in vier Bänden
Herausgegeben von Jutta Rosenkranz
MÜNCHEN 2012

Willi Lambert
Gebet der liebenden Aufmerksamkeit
TRIER 2007

Henri J. M. Nouwen
Von der geistlichen Kraft der Erinnerung
FREIBURG 1986

Evagrios Pontikos [Evagrius Ponticus]
Briefe aus der Wüste
Übersetzt und herausgegeben von Gabriel Bunge,
Weisungen der Väter, Band 18
BEURON 2013

Evagrius Ponticus
Die große Widerrede – Antirrhetikos
Übersetzt von Leo Trunk,
Quellen der Spiritualität, Band 1
MÜNSTERSCHWARZACH, 3. AUFL. 2013

Raum für eigene Gedanken

. . . .

. . . .

. . . .

. . . .

. . . .

. . . .

. . . .

. . . .

. . . .

. . . .

. . . .

. . . .

. . . .